A INFLUÊNCIA DA AVALIAÇÃO PSICOLÓGICA NA TOMADA DE DECISÃO DE JUÍZES

Editora Appris Ltda.
1.ª Edição - Copyright© 2024 da autora
Direitos de Edição Reservados à Editora Appris Ltda.

Nenhuma parte desta obra poderá ser utilizada indevidamente, sem estar de acordo com a Lei nº 9.610/98. Se incorreções forem encontradas, serão de exclusiva responsabilidade de seus organizadores. Foi realizado o Depósito Legal na Fundação Biblioteca Nacional, de acordo com as Leis nos 10.994, de 14/12/2004, e 12.192, de 14/01/2010.

Catalogação na Fonte
Elaborado por: Josefina A. S. Guedes
Bibliotecária CRB 9/870

D582i
2024
	Dimitriou, Angélica Scharder
	    A influência da avaliação psicológica na tomada de decisão de juízes / Angélica Scharder Dimitriou. – 1 ed. – Curitiba : Appris, 2024.
	    105 p. ; 23 cm. – (Multidisciplinaridade em saúde e humanidades).
	
	    Inclui referências.
	    ISBN 978-65-250-5334-9
	
	    1. Psicodiagnósticos – Direito. 2. Juízes – Decisões. 3. Guarda compartilhada. I. Título. II. Série.
	
	    CDD – 150.287

Livro de acordo com a normalização técnica da ABNT

Appris
editora

Editora e Livraria Appris Ltda.
Av. Manoel Ribas, 2265 – Mercês
Curitiba/PR – CEP: 80810-002
Tel. (41) 3156 - 4731
www.editoraappris.com.br

Printed in Brazil
Impresso no Brasil

Angélica Scharder Dimitriou

A INFLUÊNCIA DA AVALIAÇÃO PSICOLÓGICA NA TOMADA DE DECISÃO DE JUÍZES

FICHA TÉCNICA

EDITORIAL	Augusto Coelho
	Sara C. de Andrade Coelho
COMITÊ EDITORIAL	Marli Caetano
	Andréa Barbosa Gouveia - UFPR
	Edmeire C. Pereira - UFPR
	Iraneide da Silva - UFC
	Jacques de Lima Ferreira - UP
SUPERVISOR DA PRODUÇÃO	Renata Cristina Lopes Miccelli
ASSESSORIA EDITORIAL	Letícia Gonçalves Campos
REVISÃO	Katine Walmrath
	Isabela do Vale Poncio
PRODUÇÃO EDITORIAL	Daniela Nazário
DIAGRAMAÇÃO	Jhonny Alves dos Reis
CAPA	Mateus de Andrade Porfírio
REVISÃO DE PROVA	Jibril Keddeh

*À minha mãe, Norma, e aos meus pais, Haroldo e Theophane,
pelo suporte e incentivo em todos os momentos da minha vida.
Aos meus irmãos, cunhadas e sobrinhos, que
sempre estiveram nessa plateia me aplaudindo e incentivando.
Aos tios e tias, primos e primas, afilhados e compadres,
que entenderam minha ausência necessária com muito amor e paciência.
Aos amigos queridos, pela paciência ao me verem desbravando meus caminhos.*

AGRADECIMENTOS

Agradeço ao Altíssimo Deus do Universo, pela oportunidade de cocriação de tudo o que vivemos e pelos mentores que me acompanham. Gratidão por me amarem incondicionalmente.

Agradeço à minha orientadora, parceira e amiga, Cristiane Moreira, pelos incentivos quando eu não tinha mais o mesmo gás e motivação para continuar, quando achei que não conseguiria, você estava ali para me apoiar. Gratidão!

À amiga e companheira dessa caminhada, Silvia Zalona, por todo apoio e parceria ao abrir espaço em seu trabalho e agenda para me auxiliar.

Aos alunos que fizeram parte do nosso grupo de pesquisa e trabalharam bastante nos congressos e artigos, principalmente à Isabela, que me ajudou com as transcrições.

Aos mestres e amigos que me acompanharam em toda essa jornada, torcendo e sempre com boas palavras para me guiar.

À minha banca, professor Luís Antônio e professora Denise Salles, por aceitarem meu convite de participação com tanto carinho e boa vontade, pelas colocações valiosas na qualificação e disponibilidade para ler meu trabalho.

À Universidade Católica de Petrópolis, que me acolheu e abraçou a minha pesquisa, me dando suporte para dar seguimento à minha caminhada.

Gratidão a todos!

SUMÁRIO

INTRODUÇÃO 11

1
A AVALIAÇÃO PSICOLÓGICA E A PSICOLOGIA ENQUANTO CIÊNCIA ..15
   1.1 SATEPSI 19
   1.2 TIPOS DE DOCUMENTOS PRODUZIDOS POR PSICÓLOGOS 24
      1.2.1 Declaração 24
      1.2.2 Atestado psicológico 24
      1.2.3 Relatório psicológico 25
      1.2.4 Relatório multiprofissional 25
      1.2.5 Laudo psicológico 26
      1.2.6 Parecer psicológico 27

2
GUARDA COMPARTILHADA 29
   2.1 ALIENAÇÃO PARENTAL E SÍNDROME DE ALIENAÇÃO PARENTAL (SAP) ..40

3
AVALIAÇÃO PSICOLÓGICA NO JUDICIÁRIO 45

4
ESTUDOS PSICOLÓGICOS DECORRENTES DA DISPUTA DE GUARDA ... 49
   4.1 PERÍCIA 52

5
PESQUISA DOCUMENTAL 55

6
TOMADA DE DECISÃO DE JUÍZES 73
   6.1 PERCURSOS DA PESQUISA 78
      6.1.1 Procedimentos 78
      6.1.2 Participantes 79

6.2 RESULTADOS E DISCUSSÃO...79
    6.2.1 Tipo de solicitação 79
    6.2.2 Expectativas com o estudo 81
    6.2.3 Contribuições da psicologia no judiciário 82
    6.2.4 Definição de relatório psicológico...85
    6.2.5 Quando e como deve ser solicitada a avaliação psicológica: quesitos 88
    6.2.6 O documento psicológico auxilia na tomada de decisão.....................91
    6.2.7 Procedimentos 93

8
CONSIDERAÇÕES FINAIS 97
REFERÊNCIAS 101

INTRODUÇÃO

Segundo Garrido, Azevedo e Palma (2011), a ciência da cognição social visa a apreender e relatar a forma como as pessoas se percebem e como percebem os outros ao redor, além disso, nos diz como essas percepções são, em alguma medida, preditivas, explicativas e orientadoras de um comportamento socialmente compartilhado.

A cognição se manifesta na interação entre os indivíduos e o seu mundo, tanto físico como social. Ela dá luz ao modo como as pessoas chegam à sua própria construção de mundo social. Em resposta a isso, o julgamento do indivíduo como um ser pensador e agente social tem evoluído e se modificado com o passar do tempo (GARRIDO et al., 2011).

À luz da cognição social, e partindo dos objetivos nesta pesquisa, fica a questão a ser investigada sobre como os juízes tomam as decisões em processos de disputa de guarda. Assim, Mecca, Dias e Berberian (2016) apontam que, para tomar uma decisão que envolva o outro, sendo ela eficaz e adequada, há um pré-requisito para quem está decidindo: o decisor deve ter a capacidade de alcançar o que o outro pensará e como ele se sentirá ante a sua escolha, assim como o que esse outro gostaria que acontecesse. A regulamentação do papel do psicólogo na justiça, embora seja recente, respaldado normativamente pelo Conselho Federal de Psicologia em 2010 (Resolução CFP n.º 8/2010), na prática ocorre de forma constante devido à necessidade de que os operadores do Direito apreendam alguns aspectos psicológicos e sociais que se tornaram presentes nos processos judiciais, tanto nas varas cíveis como nas varas criminais. O conhecimento teórico do campo da psicologia vai ao encontro do campo teórico do magistério e ambos convergem no momento em que o comportamento humano se torna objeto de estudo científico, sobretudo levando-se em consideração a necessidade e o papel da ciência na intervenção com foco na resolução de conflitos.

Solicitação recorrente ao psicólogo na justiça é a produção de estudos psicossociais a fim de dar subsídios para decisão judicial em questões atravessadas por aspectos relacionais, afetivos ou psicopatológicos. O trabalho desses profissionais consiste em avaliar a situação e apreender a dinâmica diante do contexto apresentado no momento/período do atendimento. Portanto, deve-se considerar que o estudo psicossocial é um recorte da realidade e o documento com os resultados deverá ser capaz de embasar a decisão judicial, a partir do esclarecimento de quesitos, nem sempre formulados de maneira clara, para orientar o processo de avaliação.

A produção de tal documento tem como finalidade responder à demanda solicitada pelo juiz, bem como sugerir novas perspectivas para o andamento do processo, refletir sobre a intervenção entendendo a situação e promovendo uma análise dos dados obtidos. Com a expectativa de que o estudo realizado seja entendido e contribua para a tomada de decisão.

Estudar os processos psicossociais no âmbito jurídico tornou-se importante desde que a solicitação de relatórios pelo poder judiciário se apresentava, em função dos processos de disputa de guarda compartilhada, tornando-se uma constante. Em seus desdobramentos, buscando maior esclarecimento das questões envolvidas no processo, que extrapolam o âmbito legal, o juiz da vara solicita avaliações para um suporte técnico, no qual ele possa apoiar sua decisão, sendo esse suporte feito individualmente por cada profissional que atender à solicitação do juiz. Embora psicólogos tenham orientações normativas para documentos produzidos em avaliações, o relatório de estudo psicossocial carece de um protocolo para levantamentos de dados, registro e produção de relatório, o que justifica a realização deste estudo a fim de compreender como estes têm sido realizados e contribuir com dados que poderão fornecer subsídios para a elaboração de orientação técnica específica para esse modelo de avaliação.

O objetivo do trabalho é investigar de que maneira as avaliações psicológicas são realizadas no judiciário, especificamente nos processos de definição de guarda de filhos menores de idade, e de que modo estas podem influenciar na tomada de decisão judicial. Por meio da pesquisa documental em processos do ano de 2017, na I Vara de Família em Itaipava do Tribunal de Justiça, analisei a qualidade técnica do documento oriundo de avaliação psicológica, identifiquei o aporte teórico, as técnicas e os instrumentos psicológicos utilizados para coleta de dados, se eles estão de acordo com os parâmetros da Resolução n.º 6/2019 do Conselho Federal de Psicologia, que orienta a produção de documentos psicológicos, verifiquei se a demanda judicial para a realização da avaliação psicológica é respondida pelo documento produzido com os resultados desta, conduzi entrevistas com operadores do direito que atuam nos referidos processos a fim de investigar as motivações para solicitação de avaliação psicológica, as expectativas com os resultados e como estes influenciam na decisão judicial.

Os psicólogos que atuam na justiça encontram como solicitação recorrente a realização de avaliações psicológicas e, mais especificamente, estudos psicossociais em processos que envolvem crianças e adolescentes. Esses estudos têm como finalidade primordial oferecer subsídios para decisões judiciais em questões atravessadas por aspectos familiares, afetivos ou psicopatológicos. Espera-se que o profissional avalie a situação de maneira ampla, identificando a dinâmica familiar, os vínculos estabelecidos, responsabilidades e conflitos no momento da avaliação. Os resultados devem fornecer informações relevantes para embasar a decisão judicial. Assim, psicólogos são chamados a produzir relatórios psicossociais acerca da situação em que se encontra o filho menor de idade e sobre qual seria o melhor lar para aquela criança em uma disputa de guarda.

1

A AVALIAÇÃO PSICOLÓGICA
E A PSICOLOGIA ENQUANTO CIÊNCIA

Para uma melhor compreensão do interesse em se avaliar atributos psíquicos humanos, devemos contextualizar o curso da avaliação na história da Psicologia. Hutz e Bandeira (2003) informam que, nos primórdios da avaliação psicológica, os testes psicológicos originaram grandes quantidades de pesquisas, adaptações e até traduções, com o objetivo de fixar os conhecimentos adquiridos na Europa e nos Estados Unidos na realização de diagnósticos.

Os primeiros psicólogos experimentais se detinham na produção de descrições generalistas para o comportamento humano, voltando sua atenção para o que havia de similar, e não às particularidades. Assim, quando um indivíduo reagia de forma diferente de seus semelhantes nas mesmas condições, isso era interpretado como erro, essa era a forma que prevalecia nos laboratórios da época.

No decorrer da história, o enfoque foi apenas psicométrico[1] e, mais especificamente, quantitativista, ganhando destaque os trabalhos de Galton com o estudo das diferenças individuais, de Cattel, que inaugurou o termo "teste mental", e de Binet propondo as formas de medir a inteligência (CUNHA, 2007).

O processo avaliativo levava em conta apenas o sujeito e se caracterizava a partir da relação de causa e efeito. Porém, um pouco mais adiante, ganhou força a concepção subjetivista, com influência da fenomenologia e de teorias psicodinâmicas[2]. Com isso, o formato das avaliações se iniciou com base em atribuições subjetivas, tendo como primazia a questão da qualidade em detrimento da quantidade.

Tal percepção trouxe avanços em relação ao enfoque da psicometria, dando mais ênfase ao sujeito e passando a considerar as possíveis influên-

---

[1] Psicometria é o conjunto de métodos quantitativos em psicologia.
[2] Psicodinâmica é a orientação da psicologia que estuda processos e comportamentos mentais como resultado da relação dinâmica entre diferentes elementos, consciente e inconsciente, como motivações, restrições, inibições.

cias do meio onde se vive sobre ele (CATÃO; COUTINHO; JACQUEMIN, 1997 apud LAGO, 2008). Sendo assim, o período do final do século XIX permitiu identificar a imagem do psicólogo como um "testador", ou seja, um profissional que se utiliza de testes. E, atualmente, o profissional se utiliza desses testes como recurso importante no processo, mas não sendo esse o único instrumento para encontrar respostas (CUNHA, 2007).

O início da década de 1960 marcou certa decadência após esse período de ascensão da avaliação psicológica. A excitação advinda da importância e do poder concedidos aos testes psicológicos foi seguida de críticas, acarretando o abandono do uso de testes psicológicos como instrumentos até o início dos anos 1980. Alguns aspectos foram levados para reflexão acerca do uso desses instrumentos psicológicos, tais como problemas éticos, interpretações errôneas dos resultados e dos objetivos, a fidedignidade e a validade dos testes psicológicos (HUTZ; BANDEIRA, 2003).

Assim, somente a partir dos anos de 1980, se torna possível notar a superação dessa crise. Hutz e Bandeira (2003) afirmam que no Brasil podemos evidenciar pesquisadores qualificados na área da avaliação psicológica e que vêm contribuindo substancialmente em qualidade e quantidade nas publicações.

Na década de 1990 é que se observou uma movimentação vinda de professores e pesquisadores da área; infelizes com a situação em que se apresentava a avaliação psicológica nos âmbitos de formação e de pesquisa, investiram em uma série de eventos nos quais sistematicamente debatiam não só os resultados das pesquisas, como também a função de disciplinas de avaliação psicológica na graduação, além de políticas para o desenvolvimento da área no Brasil. Desses encontros surgiram dois marcos importantes: a Sociedade Brasileira de Rorschach e Outros Métodos Projetivos (ASBRo) em 1993; e o Instituto Brasileiro de Avaliação Psicológica (Ibap), em 1997.

Em meados dos anos 1990, havia quatro laboratórios pioneiros de pesquisa em avaliação psicológica, situados em importantes universidades brasileiras: o Laboratório de Pesquisa em Avaliação e Medida (Labpam), na Universidade de Brasília, fundado em 1988 pelo Prof. Dr. Luiz Pasquali; o Centro de Pesquisas em Psicodiagnóstico (CPP), no câmpus de Ribeirão Preto da Universidade de São Paulo, fundado em 1975 pelo Prof. Dr. André Jacquemin; o Laboratório de Avaliação e Medidas Psicológicas (Lamp), na Pontifícia Universidade Católica, na cidade de Campinas, fundado em 1994 e coordenado pela Prof.ª Dr.ª Solange Wechsler; e o Laboratório de

Mensuração (LM), na Universidade Federal do Rio Grande do Sul, fundado em 1988 pelo Prof. Dr. Cláudio Hutz. Esses laboratórios e professores deram grande impulso à pesquisa e à formação especializada em avaliação psicológica no Brasil, fundaram linhas de pesquisa e assumiram papéis de destaque na organização dos eventos e associações citadas anteriormente (BUENO; RICARTE, 2017). Em 1996, o relatório do Comitê Assessor de Psicologia do Conselho Nacional de Desenvolvimento Científico e Tecnológico (CNPq) apontou para a área de Fundamentos e Medidas Psicológicas como uma das cinco que mereciam mais investimentos à época. Essa indicação foi levada em consideração para a criação de um programa de pós-graduação com área de concentração em avaliação psicológica, na Universidade São Francisco, no ano 2000, que é qualificado atualmente com nível de excelência internacional pela Capes. A implantação desse programa de pós-graduação deu grande impulso aos esforços dos centros pioneiros descritos anteriormente quanto à formação, à produção de conhecimentos e ao uso de modernas técnicas de avaliação psicológica para resolução de problemas sociais.

Mas ainda é possível perceber muitas falhas que necessitam de correções, a exemplo disso, temos a graduação para trabalhar com avaliação psicológica. A falta de docentes qualificados e de consenso sobre como deveria ser promovida a formação do psicólogo nessa área, no que tange à graduação, são problemas que repercutem a fraqueza na formação desta.

A respeito de algumas discussões acerca de estudos e pesquisas em avaliação psicológica, os autores apontam que o raso teor científico dos instrumentos que são padronizados vem sendo fortemente denunciado, e discutem que o fato de os estudos na área estarem em elaboração traz crédito para a investigação psicológica e o uso desses instrumentos padronizados. Apontam, também, para os últimos estudos, nos quais a avaliação psicológica é indispensável, e procuram destacar a melhora da qualidade dos instrumentos padronizados (AZEVEDO *et al.*, 1996 *apud* NORONHA, 2002).

Para Bruno (1995), entre os principais problemas apresentados pelo uso de testes psicológicos, encontram-se: a definição pouco simples do que o instrumento se propõe a medir, ou seja, a complexidade da suposição teórica que embasa a construção do instrumento; e a dificuldade encontrada na disposição do psicólogo para entender os dados e para fazer relações entre os diversos resultados encontrados a partir dos próprios testes ou de qualquer outra técnica utilizada.

Assim, destacou-se o trabalho realizado por Almeida, Prieto, Muñiz e Bartram (1998 *apud* NORONHA, 2002), que fizeram um estudo interessante a respeito do uso dos testes em alguns países como Portugal, Espanha e Ibero-Americanos (entre eles o Brasil), chegando à conclusão de que os problemas mais frequentes na prática do uso de testes são: fazer xerox do material dos testes, escolher testes inadequados para situações específicas, não estar em conformidade com as modificações da área, fazer avaliações incorretas, não usar as folhas de respostas padronizadas, não ter clareza das limitações dos instrumentos, dúvidas quanto às normas, aplicação de testes por leigos, não adaptar os instrumentos para os determinados países ou regiões, não arquivar os instrumentos de forma ética e não dar continuidade aos estudos dos testes e fazer certas interpretações que ultrapassam o limite do instrumento (ALMEIDA *et al.*, 1998 *apud* NORONHA, 2002).

Noronha (2002) traz a problemática de que não existiam padrões de atuação na área e de que também não se avaliava a competência profissional dos psicólogos que utilizavam os instrumentos, não havendo também uma conduta comum de formação nem estabelecendo cursos para essa formação, relacionando assim os entraves na formação profissional com os entraves na utilização dos testes psicológicos.

Ainda dando margem a esta questão, da relação entre formação profissional e uso de instrumentos, parece claro que a formação de um psicólogo em cinco anos de universidade não é suficiente para aprimorá-lo em todas as áreas de conhecimento, embora devesse sê-lo, ficando evidente a necessidade de que o recém-formado continue os estudos na área após a graduação (NORONHA, 2002).

Pode-se entender que, para os autores citados, os problemas encontrados na avaliação psicológica, e em especial nos testes psicológicos, referem-se prioritariamente à formação do profissional que utiliza os instrumentos, às deficiências nos próprios instrumentos, assim como à falta de pesquisas que promovam satisfatoriamente o desenvolvimento da área. Por trás desse cenário, em que predominam controvérsias e polêmicas, existem duas preocupações básicas: como a avaliação tem sido entendida e utilizada pela comunidade profissional e como ela tem sido proposta e ensinada nos cursos de graduação (NORONHA, 2002).

Partindo de algumas problemáticas como as apresentadas anteriormente, no ano seguinte, 2003, foi elaborada a Resolução n.º 7/2003, que Institui o Manual de Elaboração de Documentos Escritos produzidos pelo psicólogo, decorrentes de avaliação psicológica, sendo regulamentada a avaliação a fim de corrigir os erros supracitados. Em 2018, após mais pesquisas e problemáticas na área, o Conselho Federal de Psicologia (CFP) lança nova Resolução (n.º 9/2018), que estabelece diretrizes para a realização de Avaliação Psicológica no exercício profissional da psicóloga e do psicólogo e regulamenta o Sistema de Avaliação de Testes Psicológicos (Satepsi), que foi desenvolvido com o objetivo de avaliar a qualidade técnico-científica de instrumentos psicológicos para uso profissional, a partir da verificação objetiva de um conjunto de requisitos técnicos, e divulgar informações sobre os testes psicológicos à comunidade e aos psicólogos e psicólogas.

1.1 SATEPSI

Um conjunto de ocorrências teve grande impacto nas políticas que foram implementadas pelo Conselho Federal de Psicologia (CFP), que observava, por um lado, o esforço da categoria a fim de construir boas práticas em avaliação psicológica e, por outro lado, o grande número de processos éticos em função de práticas equivocadas em avaliação psicológica. Com isso, o CFP, nos anos 2000, instituiu a Comissão Consultiva em Avaliação Psicológica, sendo constituída por pesquisadores e representantes ligados às instituições já mencionadas (ASBRo e Ibap), objetivando as propostas de políticas com intuito de melhorar a qualidade das práticas em avaliação psicológica. Em sua proposta, o CFP se baseou no enriquecimento da responsabilidade da psicologia com a sociedade, por meio de um sistema que pudesse monitorar continuamente a qualidade técnica de instrumentos utilizados em avaliação por psicólogos. Portanto, foi criado, pela Resolução n.º 25/2001, o Sistema de Avaliação de Testes Psicológicos (Satepsi).

Segundo Mansur-Alves, Silva e Fernandes (2016), o Sistema de Avaliação de Testes Psicológicos foi constituído como um dos elementos mais relevantes para o recomeço do desenvolvimento da área de avaliação psicológica no Brasil. Por certo, o sistema possui enorme importância vista na prática, porque definiu condições para a utilização de testes. A instituição principal à qual todos os psicólogos necessitam estar filiados estava implementando uma política nacional com relação à utilização de testes.

O Satepsi foi proposto pelo CFP em 2001, entre outros motivos, pela necessidade de aprimorar os instrumentos e procedimentos técnicos dos psicólogos e de garantir uma prestação de serviços com qualidade técnica e ética aos seus usuários (Resolução n.º 25/ 2001). Posteriormente, o sistema foi atualizado pela Resolução CFP n.º 2/2003, e, mais recentemente, pela Resolução n.º 9/2018, que continua estabelecendo as diretrizes básicas para a realização de avaliação psicológica no exercício profissional da psicóloga e do psicólogo, incluindo os procedimentos de submissão e de avaliação dos testes e/ou suas atualizações no sistema, e acrescenta questões relacionadas à justiça e à proteção dos direitos humanos na avaliação psicológica (Resolução n.º 9/2018).

A avaliação psicológica é um processo constituído por diferentes técnicas e instrumentos psicológicos e, com as técnicas de entrevistas e protocolos de registro de observação, os testes psicológicos são fontes fundamentais de dados para a avaliação. O Satepsi regulamenta os instrumentos que são reconhecidos como testes psicológicos e estão favoráveis ou desfavoráveis para o uso, e constitui falta ética prevista no art. 2° do Código de Ética Profissional usar instrumentos não avaliados ou classificados como desfavoráveis (Resolução CFP n.º 9/2018).

A avaliação dos instrumentos que são submetidos ao sistema é facilitada pelo Formulário de Avaliação da Qualidade de Testes Psicológicos, constante como Anexo 1 da Resolução, que sistematiza a coleta de informações sobre seis aspectos que devem constar nos manuais dos instrumentos: 1) qualidade do manual; 2) fundamentação teórica, 3) análise de itens; 4) precisão; 5) validade; 6) sistema de correção e interpretação dos resultados. Esses itens são avaliados em todos os testes considerados psicológicos, exceto para os projetivos, para os quais a análise de itens não se aplica. Ao final da avaliação de cada tópico, o avaliador emite um parecer geral favorável ou desfavorável. Para que o parecer seja favorável, o instrumento deve receber conceitos equivalentes a excelente ou bom em todas as áreas avaliadas. Antes de entrarem em vigor, os pareceres passam pela avaliação da Comissão Consultiva em Avaliação Psicológica e do Plenário do CFP (Resolução CFP n.º 9/2018).

O domínio da validade é compreendido como o grau com que um instrumento mede aquilo que ele se propõe a medir. Uma das formas de se investigar (validade de face) é o construto a ser mensurado. Outra forma se refere ao grau com que o instrumento é consistente com as hipóteses que se pode derivar do construto (validade de construto), que pode ser investigado por meio da dimensionalidade do instrumento (validade estrutural), do teste de hipóteses (validade de construto propriamente dita) e da semelhança de funcionamento de itens traduzidos de uma língua/cultura para outra (validade transcultural). Outra forma, ainda, de investigação da validade é verificar o grau com que os escores de um instrumento refletem adequadamente um "padrão ouro" (validade de critério) (MOKKINK *et al.*, 2012).

A responsividade, por sua vez, é definida como a capacidade que tem um instrumento para detectar mudanças ao longo do tempo em um determinado construto. Ao lado desses três domínios métricos, há, ainda, o domínio da interpretabilidade, que não é exatamente uma propriedade da medida, mas é importante para a compreensão da medida, uma vez que se refere ao grau com que se consegue atribuir um significado qualitativo aos resultados quantitativos obtidos (escores) (MOKKINK *et al.*, 2012). De forma semelhante ao Satepsi, os itens a serem avaliados foram operacionalizados numa lista de verificação (*checklist*), organizada em 12 seções. As primeiras nove seções, identificadas por letras, referem-se às propriedades de medida: A – consistência interna, B – fidedignidade, C – erro de mensuração, D – validade de conteúdo, E – validade estrutural, F – testagem de hipóteses, G – validade transcultural, H – validade de critério e I – responsividade. A seção J se refere aos estudos de interpretabilidade. A seção seguinte se refere aos estudos realizados com auxílio da teoria de resposta ao item (TRI). Por fim, a última seção (generalização) apresenta os requisitos para avaliação da possibilidade de generalização dos resultados para outras amostras e população de uma forma geral (MOKKINK *et al.*, 2010; 2012). Essa lista de verificação contém um total de 129 itens, mas foi elaborada para ser usada de forma modular. Isto é, pode-se utilizar qualquer de suas seções de forma independente, de acordo com o propósito de sua avaliação. Assim, os autores descrevem um sistema de quatro passos para sua utilização: 1) determinação de quais seções precisam ser respondidas (entre as nove seções iniciais, identificadas pelas letras de A a I); 2) preenchimento da seção sobre utilização da TRI (caso tenha sido utilizada); 3) preenchimento das seções assinaladas no passo 1; 4) preenchimento das informações sobre generalização dos resultados, para cada seção assinalada no primeiro passo.

Algumas das seções da lista de verificação podem ter que ser preenchidas mais de uma vez, conforme os dados avaliados se apresentem. Por exemplo, dados de fidedignidade apresentados para diferentes amostras da população requerem o preenchimento da seção B (fidedignidade) tantas vezes quantas forem as amostras consideradas no estudo (MOKKINK *et al.*, 2012). Há duas formas de avaliação dos itens: 1) com respostas dicotômicas, que indicam a presença (SIM) ou ausência (NÃO) de determinada informação sobre o instrumento (MOKKINK *et al.*, 2012), e 2) com quatro categorias de classificação: excelente, bom, razoável e ruim (TERWEE *et al.*, 2012). O segundo método é empregado para cada seção do COSMIN, sendo que o critério adotado para avaliação é o da pior pontuação. Por exemplo, se um item da E (validade estrutural) é avaliado como "ruim", então toda a seção é avaliada como "ruim". Nesse sistema, a avaliação "ruim" em qualquer dos itens é considerada uma "falha fatal" (TERWEE et al., 2012).

Por ser um instrumento mais regulador sobre a prática profissional do psicólogo, o Satepsi teve um impacto bastante importante para o desenvolvimento da área de avaliação psicológica no Brasil. Por exemplo, em 2002, logo após sua implantação, dos 91 testes submetidos ao sistema, mais da metade (61,5%) foi considerada "desfavorável" para uso profissional (NORONHA; PRIMI; ALCHIERI, 2004). Houve mobilizações dos próprios profissionais contrários à implantação do sistema e até reportagens em importantes meios de comunicação impressos (jornais e revistas) da época, questionando a eficácia dos instrumentos de avaliação psicológica.

O CFP foi acionado judicialmente pelas editoras, mas obteve sentença favorável em todas as decisões. Com o tempo, essas reações negativas diminuíram, os testes foram melhorando de qualidade e a percepção tornou-se mais positiva, embora nunca isenta de críticas, muitas delas construtivas e que deveriam ser consideradas para evolução do sistema e da qualidade da avaliação psicológica no Brasil.

Uma inovação proporcionada pela Resolução do CFP n.º 9/2018 foi incorporar na própria resolução que trata do Satepsi uma seção relacionada com a justiça e proteção dos direitos humanos na avaliação psicológica. Nessa seção, o CFP alerta os psicólogos e psicólogas contra certas práticas na avaliação psicológica, que possam caracterizar negligência, preconceito, exploração, violência, crueldade ou opressão; induzir a convicções políticas, filosóficas, morais, ideológicas, religiosas, raciais, de orientação sexual e identidade de gênero; ou favorecer o uso de conhecimento da ciência psicológica e normatizar a utilização de práticas psicológicas como instrumentos de castigo, tortura ou qualquer forma de violência. De fato, a Avaliação Psicológica e a testagem psicológica podem ter efeitos importantes na vida das pessoas, podendo esses efeitos serem positivos ou negativos, a depender de como esses procedimentos são realizados (KOOCHER; KEITH-SPIEGEL, 2016).

Para Cruz (2007), nos encontramos em um nível histórico no qual a área da avaliação psicológica precisa repensar acerca das condições às quais ela pode de fato contribuir para o aperfeiçoamento da psicologia enquanto ciência e profissão. A carência duradoura da falta de especialistas no ensino, os problemas envolvendo o uso de instrumentos, os entraves em responder de forma efetiva às exigências da sociedade e da psicologia como ciência são impasses difíceis de transpor.

É necessária a compreensão do processo de avaliação, exigindo competência clínica para a observação, no método da entrevista, na eficiência de conhecimentos em psicopatologia, psicodinâmica, teorias do desenvolvimento, assim por diante. Visando ao objetivo da avaliação que seria descrever, por meio das técnicas ratificadas e de uma terminologia apropriada, o entendimento mais adequado dos fatores relevantes de uma pessoa, é preciso reconhecer que a informação que se presta ao processo de avaliação psicológica é obtida no contexto relacional ou social e será sensível a ele. Deve-se considerar a ideia de que novas informações podem modificar ou complementar a avaliação, o que salienta a responsabilidade do psicólogo em buscar os melhores meios para levantar informações relevantes.

Observam os autores Hutz e Bandeira (2003) que a demanda social por avaliação psicológica constantemente envolve grupos específicos, como jovens em conflito com a lei, populações em situação de risco social e crianças em processo de disputa de guarda. Avaliações desse porte solicitam do psicólogo um conhecimento sobre instrumentos e técnicas que sejam verdadeiramente legítimas para essas populações. Ter apenas o instrumental disposto não é suficiente para qualificar o trabalho sem ter o devido treinamento desses profissionais para utilizar-se dele, pois viabilizaria a produção de uma avaliação de baixa qualidade. Apesar de existirem muitas técnicas e instrumentos úteis desenvolvidos ao longo dos últimos anos, o acesso dos psicólogos a esses recursos ainda é muito precário, em razão da dificuldade de acesso à literatura científica.

Nesse contexto, segundo Bueno e Peixoto (2018), o campo da avaliação psicológica de uma forma geral vem se depreciando, tanto em sua formação como profissionais de psicologia quanto no desdobramento de instrumentos mais adequados. A avaliação psicológica, por exemplo, em sua formação no decorrer do tempo, foi se reduzindo ao questionamento da capacidade dos testes, à afirmação de sua natureza excludente ou à aprendizagem de procedimentos de aplicação, à contagem de pontos e à interpretação estatística, mas não psicológica, daquele resultado.

1.2 TIPOS DE DOCUMENTOS PRODUZIDOS POR PSICÓLOGOS

O documento psicológico constitui um instrumento de comunicação que tem como objetivo registrar o serviço prestado pelo psicólogo, devendo este atentar que, ao elaborar uma conclusão, é preciso considerar a dinâmica não cristalizada do seu objeto de estudo. Sendo facultado ao psicólogo, ao final de qualquer documento, que este não poderá ser utilizado para fins diferentes do apontado inicialmente, e que possui um caráter sigiloso, se tratando de um documento extrajudicial e que o psicólogo não se responsabiliza pelo uso dado ao laudo por parte da pessoa, grupo ou instituição, após a sua entrega em entrevista devolutiva (Resolução CFP n.º 9/2018).

O resultado de uma avaliação psicológica deveria ser comumente registrado por meio de diferentes documentos, de acordo com seus propósitos, segundo a Resolução n.º 6/2019. A seguir, são elencados os documentos que podem ser produzidos.

1.2.1 Declaração

Esse documento tem por finalidade registrar de modo objetivo e breve sobre o serviço prestado que já foi realizado ou está em processo, informando sobre o comparecimento da pessoa e/ou seu acompanhante para o atendimento. Não é resultado de uma avaliação psicológica, a declaração apenas informa sobre serviço prestado (Resolução CFP n.º 9/2018).

1.2.2 Atestado psicológico

Esse documento, diferente do anterior, possui fundamento em diagnóstico psicológico, atesta uma determinada situação, funcionamento ou estado psicológico, tendo por finalidade dizer sobre as condições psicológicas do paciente ou do terceiro que o solicita. Presta-se, ainda, a comunicar o diagnóstico de condições mentais que incapacitam a pessoa atendida, com a finalidade de justificar faltas e impedimentos, como também para estar apto ou não para atividades específicas (manusear armas de fogo, dirigir veículos motorizados no trânsito, assumir cargos públicos ou privados, entre outros). Assim, o atestado psicológico resulta de uma avaliação psicológica. É de responsabilidade do psicólogo atestar somente o que foi verificado no processo de avaliação e que esteja dentro de competência profissional. A emissão de atestado deve estar fundamentada no registro documental, não isentando o psicólogo de guardar os registros em seus arquivos profissionais (Resolução CFP n.º 9/2018).

1.2.3 Relatório psicológico

Esse documento se utiliza de uma escrita descritiva, circunstancial, considerando as interferências dos condicionantes históricos e sociais da pessoa, grupo ou instituição que foi atendida, podendo também possuir um caráter informativo. O relatório visa comunicar a atuação do psicólogo em processos diferentes em que este está inserido, e que já foram desenvolvidos ou estão em processo, podendo gerar orientações, recomendações, encaminhamentos ou até intervenções pertinentes à situação que foi descrita no documento. A sua finalidade não é produzir diagnóstico psicológico, é um documento técnico-científico que deve conter uma narrativa detalhada e didática, com precisão e harmonia. Sua linguagem deve ser acessível e compreensível ao leitor, não se trata de descrição literal das sessões, atendimentos e acolhimentos realizados, a menos que essa transcrição seja justificada. Ao final do documento, pode conter encaminhamento, orientação e sugestão de continuidade do atendimento (Resolução CFP n.º 9/2018). Esse modelo é comumente utilizado nos estudos psicossociais no judiciário.

Esta pesquisa foi realizada antes da Resolução em questão e, naquele momento, os documentos da área não faziam distinção entre relatório realizado exclusivamente por psicólogos ou em atuação multiprofissional. Com a nova orientação, os estudos psicossociais devem seguir o documento indicado a seguir, considerando-se o mais adequado para o processo, já que ainda não há protocolo na psicologia para o estudo psicossocial.

1.2.4 Relatório multiprofissional

Esse documento é decorrente da atuação do psicólogo em contexto multiprofissional e pode ser produzido com profissionais de outras áreas, sendo preservada a autonomia e a ética profissional de todos os envolvidos. As observações e informações são as mesmas que contém um relatório psicológico, devendo estar em conformidade com o código de ética profissional do psicólogo em relação ao sigilo. Deve apresentar o raciocínio técnico-científico com a equipe, justificando o trabalho realizado, com todos os procedimentos realizados, especificando referencial teórico que fundamentou as análises e as interpretações. A descrição dos procedimentos e técnicas privativas do serviço de psicologia devem vir separadas das descritas pelos demais profissionais. Esse documento não isenta o psicólogo de realizar o registro documental em um prontuário privado. A conclusão do relatório multiprofissional pode ser realizada em conjunto, principalmente nos casos em que se trate de um processo de trabalho interdisciplinar (Resolução CFP n.º 9/2018).

1.2.5 Laudo psicológico

Esse documento também é resultado de avaliação psicológica e tem por finalidade embasar as decisões relacionadas ao contexto em que surgiu a demanda. Apresentando informações técnicas e científicas de fenômenos psicológicos, considerando os condicionantes históricos e sociais da pessoa, grupo ou instituição atendida. Esse documento também possui valor técnico-científico, devendo conter uma narrativa minuciosa e didática, harmônica e precisa, sendo acessível e de fácil compreensão para o leitor. Ele é construído com base no registro documental elaborado pelo psicólogo e na interpretação e análise dos dados obtidos por meio de métodos, técnicas e procedimentos reconhecidos cientificamente para uso na prática profissional.

O laudo psicológico deve apresentar os procedimentos e conclusões gerados pelo processo de avaliação psicológica, limitando-se a fornecer as informações necessárias e relacionadas à demanda. Contendo, assim, os seguintes tópicos: encaminhamento, intervenções, diagnóstico, prognóstico, hipótese diagnóstica, evolução do caso, orientação e/ou sugestão de projeto terapêutico. Nos casos em que o psicólogo está atuando em equipes multiprofissionais, e havendo solicitação de um documento decorrente da avaliação, o laudo psicológico ou as informações decorrentes da avaliação psicológica poderão compor um documento único. Nesse caso, é indispensável que o psicólogo registre informações necessárias ao cumprimento dos objetivos da atuação multiprofissional, resguardando o caráter do documento como registro e a forma de avaliação em equipe.

Deve-se considerar o sigilo profissional também na elaboração do laudo psicológico em conjunto com a equipe multiprofissional. Assim como respeitar a fundamentação teórica que sustenta o instrumental técnico utilizado e os princípios éticos. Somente deve ser relatado o que for necessário para responder à demanda. Na elaboração de laudos, é obrigatória a informação das fontes científicas ou referências bibliográficas utilizadas, preferencialmente em nota de rodapé (Resolução CFP n.º 9/2018).

1.2.6 Parecer psicológico

É um pronunciamento por escrito que não decorre de avaliação psicológica. Tem por finalidade apresentar uma análise técnica, respondendo a uma questão-problema do campo psicológico ou a documentos psicológicos questionados. O documento visa a dissolver dúvidas da questão-problema ou documento psicológico que estão interferindo na decisão do solicitante, sendo, portanto, uma resposta a uma consulta. A elaboração desse documento exige, do psicólogo, conhecimento específico e competência no assunto.

O resultado pode ser indicativo ou conclusivo. Sendo que a discussão da questão específica do parecer se constitui na análise minuciosa da questão explanada e argumentada com base nos fundamentos éticos, técnicos e/ou conceituais da psicologia, bem como nas normativas vigentes que regulam e orientam o exercício profissional. Na conclusão, o psicólogo apresenta seu posicionamento sobre a questão-problema ou documentos psicológicos questionados. Na elaboração desse documento, é obrigatória a informação das fontes científicas ou referências bibliográficas utilizadas, preferencialmente em nota de rodapé (Resolução CFP n.º 9/2018). Pode acontecer a solicitação de um parecer psicológico no judiciário com a colocação de quesitos a serem respondidos a fim de esclarecer alguma dúvida do magistrado.

Acompanhando as mudanças nas resoluções que orientam a atuação de psicólogos e o esforço da comunidade científica para manter critérios rigorosos para os procedimentos e instrumentos de avaliação psicológica, é possível observar que a ampliação das práticas de avaliação psicológica e o maior reconhecimento da importância do processo em diferentes áreas de atuação geram necessidade de protocolos e normatizações que garantam a qualidade das avaliações e orientem profissionais de psicologia para o exercício profissional específico em seu campo de atuação.

Neste estudo, o judiciário foi o foco de investigação e, para compreender como psicólogos estão realizando avaliações psicológicas e produzindo documentos em processos de guarda compartilhada, foi realizada uma pesquisa documental nos referidos documentos psicológicos que será apresentada no capítulo seguinte.

2

GUARDA COMPARTILHADA

Mudanças aconteceram na sociedade e nas relações humanas nos últimos cem anos. Com a revolução cultural, provocou-se uma ruptura dos papéis até o momento estabelecidos para mulheres e homens. Em consequência disso, também para as relações por eles configuradas nesse novo contexto.

Segundo Costa (2015), as mulheres, que anteriormente se confinavam a cuidar da casa e criar os filhos, hoje desempenham papel fundamental tanto para construção do patrimônio familiar, com a contribuição do fruto de seu trabalho fora de casa e que muitas vezes é superior ao de seu companheiro, quanto para seu crescimento como indivíduo e, por conseguinte, pretendem dividir a responsabilidade da criação dos filhos com os pais. Em contrapartida, os homens, que antes limitavam seu papel apenas sendo o provedor material da família, mais adiante se preocupam com a saúde psíquica e emocional dos filhos e de que forma podem contribuir para o seu desenvolvimento.

As mudanças no perfil familiar trazem uma nova compreensão e delineiam novos contornos para as relações parentais. A partir da Constituição Federal de 1988, a criança e o adolescente passaram a ter uma tutela especial devido ao atual entendimento de que a infância é um período de formação moral e psíquica fundamental na construção da personalidade e dignidade. A chegada dessa nova compreensão trouxe mudanças no escopo familiar, delineando ao longo do tempo novas direções, tendo como reflexões inevitáveis algumas repercussões nas relações parentais. Deve a autoridade parental realizar a condução do menor em caminhos desconhecidos e, por terem sua maturidade e discernimento em construção, consequentemente não podem usufruir em plenitude seu direito fundamental à liberdade, pois se entende que ainda não possuem condições para exercê-lo.

Define-se que também pode se entender como entidade familiar a comunidade formada por qualquer dos pais e seus descendentes. Assim, a partir desse momento, transforma-se o modo como se entende o pátrio poder de antes, estabelecendo que os direitos e deveres referentes à sociedade conjugal são exercidos igualmente pelo homem e pela mulher, inaugurando o conceito de poder familiar, que será entendido mais adiante no âmbito jurídico como um poder/dever de proporcionar às crianças as melhores oportunidades para o seu desenvolvimento.

Portanto, tais deveres devem ser exercidos de forma conjunta entre os pais, sendo independente da situação conjugal destes. O art. 1.632 do Código Civil de 2002 estabelece que as relações entre pais e filhos não se alteram com o rompimento conjugal, sendo assim, a titularidade quanto ao exercício da autoridade parental não sofre modificação e a única mudança limita-se ao direito de um dos pais ter seus filhos em sua companhia.

Os diferentes tipos de família que se apresentam, de acordo com suas experiências e vivências, criam as próprias rotinas e dinâmicas conforme a identidade formada por cada membro da família. As famílias são compostas por indivíduos unidos por laços de consanguinidade, de afetividade ou de interesse, que vivem juntos por um tempo e que no decorrer criam uma história de vida que é singular e irreplicável (GIDDENS, 1999, 2004; AMARO, 2006; ALARCÃO; RELVAS, 2002). De acordo com Beltrão (1989 *apud* DIAS, 2011, p. 143), se a evidência, no que concerne a um número crescente de diferentes tipos de famílias, é incontestável, essas novas formas de estrutura e dinâmica familiar não se despem, a nosso ver, da sua essência: a família como grupo social em que os seus membros coabitam ligados por uma ampla complexidade de relações interpessoais.

A evolução dos modelos familiares é uma tarefa muito difícil para assimilar, pois com a evolução da sociedade houve algumas novas concepções, e mudar condicionamentos é um verdadeiro desafio, pois são ensinamentos que aprendemos na nossa cultura e educação que estão enraizados. Muitas vezes, diversos preconceitos e estagnações sociais nos impedem de prosseguir e aprender novas formas de viver, lidando com as mudanças e evoluções. É necessário adaptar a família a uma nova realidade, e a justiça à vida. É preciso ter um novo olhar para o futuro e para as novas formações familiares que estão surgindo. Com as mudanças econômicas, sociais e culturais, surgiram novas configurações que se apresentam, tais como descreve Dias (2011).

A família nuclear é composta por dois adultos de sexos diferentes, que tem como base o pai como provedor e na mãe a fonte dos cuidados do lar, e com os filhos, sendo biológicos ou adotivos. Esse modelo familiar já foi muito utilizado como referência, porém, hoje em dia, não permanece tão presente nas composições familiares (DIAS, 2011).

As uniões livres são parecidas com as uniões estáveis, porém os indivíduos que estão envolvidos nessa relação não estão com a ideia de oficializar a união em um contrato jurídico ou em uma celebração religiosa (DIAS, 2011).

Famílias recompostas são as formadas por uniões refeitas após o divórcio ou a separação. Muitas vezes essas famílias, quando são formadas, já incluem a existência de filhos do antigo casamento ou união, por isso pode ocorrer a existência de meios-irmãos. Nesse tipo familiar, serão utilizados os termos padrasto e madrasta. Após a ruptura dos casais, muitos refazem seus lares e, já tendo filhos, acabam juntando os seus aos do companheiro ou cônjuge do segundo casamento (DIAS, 2011).

A sociedade monoparental é definida como a comunidade formada por qualquer um dos genitores e seus herdeiros e tem a proteção especial do Estado (art. 226, §4º, Constituição Federal de 1988). Grande parte das pessoas vive essa realidade no Brasil, muitas vezes isso ocorre em consequência natural da estrutura organizacional da família ou pela tecnologia, sendo utilizada a inseminação artificial. Também há os casos de pessoas solteiras com condições emocionais, financeiras e morais que adotam e têm a possibilidade de cuidar da criança (NORONHA; PARRON, 2012).

Famílias homoafetivas, que são formadas por duas pessoas do mesmo sexo com a existência de filhos ou não. Percebe-se que, após muitas mudanças na sociedade, foi vista a necessidade de um olhar diferente para os modelos familiares. Assim como antigamente só eram reconhecidas como entidade familiar aquelas formadas pelo casamento (FRANÇA 2009).

Glasserman (1997 *apud* COSTA *et al.*, 2009) afirma uma diferença em relação à definição do que é divórcio no decorrer de vida e divórcio destrutivo. Divórcio no decorrer de vida representa uma postura atual em considerar a separação conjugal como uma etapa do processo de vida que inclui novos arranjos conjugais e familiares (FÉRES-CARNEIRO, 2003). O divórcio destrutivo consiste em uma separação conjugal que envolve disputas grandes e expressões de violência, e que encontra possibilidades de algum acordo no contexto judicial.

Segundo Costa *et al.* (2009), nos dias atuais, existe um grande incentivo às situações em que o divórcio destrutivo se apresenta, e os tribunais estão cada vez mais lotados de processos que duram anos, com audiências que não se acabam, com pedidos e mais pedidos de revisão de cada procedimento e a contratação de psicólogos externos ao tribunal (assistentes técnicos) na tentativa de apresentar suporte suficiente para embargos técnicos levando a novas decisões judiciais. A exemplo disso, o Instituto Brasileiro de Geografia e Estatística (IBGE, 2005) nos mostra que, no ano de 2005, a taxa de divórcio ou separação conjugal no país foi 7,4% maior que em 2004. As situações que levam a esta ou àquela modalidade de divórcio divergem bastante em complexidade, podendo envolver pendências atuais em sua vida e até motivações que ultrapassam várias gerações.

Féres-Carneiro (2003), em seu artigo sobre a dissolução de casamentos, mostra que o vínculo conjugal se tornou uma das experiências da vida em que mais se tem sofrimento, e que os resultados dessa dissolução se tornaram bem diferentes para ambos os sexos. Para os homens, o casamento é a possibilidade de obter estabilidade na formação de uma família, tornando essa uma das principais motivações para o casamento, assim, esse homem percebe como seu maior sofrimento o fato de os filhos não ficarem sob sua guarda. Já para as mulheres que entendem sob sua ótica que o casamento configura a realização de uma relação amorosa satisfatória, sendo o clímax de seu apaixonamento, suas principais mágoas vão em direção ao homem pelo qual essa mulher endossa a razão de sua frustração, em consequência disso, podemos ver nesse contexto uma primeira problemática que vai conceber e alimentar disputas posteriores.

No decorrer desse processo competitivo e destrutivo para o casal, este acaba por encontrar uma forma de "utilizar" outras pessoas, acontecendo, em um primeiro momento, em relação aos filhos, tornando-os o alvo da disputa. Identificado como triangulação, esse é um processo no qual as crianças ou adolescentes são colocados em um triângulo relacional de reciprocidade emocional e por vezes violento (GIOVANAZZI; LINARES, 2007 *apud* COSTA *et al.*, 2009; GLASSERMAN, 1997 *apud* COSTA *et al.*, 2009). Com isso, os autores propõem uma referência a essa triangulação, que não é da construção da criança, impossibilitando assim a estimativa da sua subjetividade. Ao encontro disso, viabilizam uma triangulação doentia na qual a criança não ocupa mais o lugar de sujeito, passando a ser objeto de um dos pais.

A formação dessas triangulações e a dificuldade do casal e da família em transpô-las sustentam anos de brigas em tribunais, fazendo com que o processo judicial retorne para nova instrumentação de cinco a seis vezes. É preciso perceber que a disputa se concentra em ganhos que são emocionais, mas não podemos dispensar que as motivações são bem diferentes em função das classes sociais, quando o filho é visto como um bem material por causa dos benefícios financeiros que acompanham aquele genitor que fica com a guarda da criança. De todo modo, é unânime o conhecimento de que todos sofrem, em especial os filhos, triangulados ou não (COSTA *et al.*, 2009).

Compreendemos que, quando o casal se vê impossibilitado de negociar sua separação e leva o conflito para o tribunal, cria-se um triângulo formado por três pontas: a mulher, o homem e a justiça, esta representada pela decisão que o juiz proferirá. Pensamos que, nos casos de separações trianguladas, é uma questão ética que o estudo psicossocial possa "assumir" o lugar da criança, e os profissionais possam "falar" pela criança na tentativa de que assim ela fique distanciada do conflito e tenha preservado seu direito a viver em uma condição devida de proteção. Outros aspectos ainda participam e sustentam as disputas no divórcio destrutivo, sendo que alguns são característicos da relação conjugal, e outros são próprios das relações de poder do sistema judiciário (COSTA *et al.*, 2009).

Em processos de separação ou divórcio, quando é necessário definir qual dos ex-cônjuges ficará com a guarda dos filhos, o Código Civil, vigente desde 2002, nos casos de separação consensual, define que será levado em conta o que os cônjuges tiverem acordado. Porém, não havendo consenso, a guarda será atribuída ao que reunir melhores condições para exercê-la, o que não incide em melhores condições econômicas ou materiais.

A guarda pode ser exclusiva ou compartilhada. De acordo com Trindade (2007), a guarda exclusiva é aquela em que ambos os genitores mantêm o poder familiar, mas as decisões recaem sobre o genitor guardião. Na guarda compartilhada, ambos os genitores dispõem do poder familiar e da tomada de decisões, não dependendo do tempo que os genitores destinarão para estar com os filhos. No Brasil, a guarda exclusiva ainda é hegemônica, permanecendo os filhos, geralmente, sob a tutela da mãe.

Contudo, a guarda compartilhada já foi incluída na legislação brasileira, que define o que estabelece os casos em que ela é uma possibilidade, ressalvando que a guarda poderá ser modificada a qualquer momento, atendendo ao melhor interesse da criança. Contudo, é preciso atentar para as diferenças entre guarda alternada e guarda compartilhada. A guarda alternada implica a possibilidade de cada um dos pais deter a guarda do filho alternadamente, com divisões de tempo que podem variar de dias a anos alternados. A guarda compartilhada não implica alternância de lares, e sim uma responsabilização mútua do dever familiar entre os pais (LAGO, 2008).

Cabe observar que o sistema da guarda compartilhada não é aplicável a todos os casos de separação conjugal. Saposnek (1991 *apud* LAGO,

2008) discute acerca da decisão da guarda compartilhada, dando enfoque às necessidades dos filhos do divórcio. O referido autor destaca que definir se a guarda compartilhada funciona ou não é uma tarefa muito complexa. É preciso analisar a história do casal, as disputas pré e pós-divórcio, a idade dos filhos, os estilos de temperamento, a qualidade dos relacionamentos pais-filhos, e o exercício da parentalidade. Esse conjunto de aspectos é determinante para o sucesso ou fracasso da guarda compartilhada.

A escolha pela guarda compartilhada pareceu indicada nos casos de casais com os seguintes atributos: (a) baixos níveis de conflitos anteriores à separação; (b) um exercício da paternidade/maternidade centrado na criança; (c) concordância em relação à decisão do término da relação conjugal e à decisão da guarda compartilhada; (d) motivação de ambos os pais para aceitar e superar as exigências e complicações do dia a dia, invariavelmente associadas ao exercício da guarda compartilhada (LAGO, 2008).

Observa-se que é frequente o abandono do pai, após a separação conjugal, em relação ao acompanhamento cotidiano dos filhos e de suas atividades escolares. Isso pode implicar um fracasso escolar das crianças, denunciando a gravidade da ausência de um dos pais na estruturação psíquica dos filhos.

É preciso considerar as consequências da separação do filho de um de seus genitores, o que mostra a importância de manter os vínculos positivos dos filhos com ambos os pais, nem sempre sendo necessário confiar a apenas um dos dois a continuidade da tarefa de cuidá-los. É importante que a criança conviva com ambos os pais, para que construa uma relação e forme por si uma imagem de cada um deles. Quando não é possibilitada uma convivência mais assídua com um dos genitores, normalmente a imagem do progenitor que não detém a guarda é formada com interferência daquele que a detém, influenciada muitas vezes por sentimentos de rancor e desavenças conjugais existentes (SILVA, 2005 *apud* LAGO, 2008).

A Lei n.º 11.698, de 13 de junho de 2008, alterou os artigos 1.583 e 1.584 do Código Civil, fazendo referência à guarda compartilhada e possibilitando que esta possa ser requerida, por consenso entre os pais, bem como decretada pelo juiz, em atenção às necessidades específicas do menor de idade. O direito de ambos os genitores na educação e na formação dos filhos é hoje entendido como direito fundamental e é constitucionalmente protegido. Esse entendimento surgiu pela evolução gradual da sociedade familiar, da igualdade entre o homem e a mulher, pela igualdade dos filhos de qualquer origem e pelo entendimento da necessidade de uma educação e convívio familiar focado no melhor interesse da criança.

Atualmente, entende-se como guarda o ato ou efeito de guardar e resguardar o filho enquanto menor, de manter vigilância no exercício de sua custódia e de representá-lo quando impúbere ou, se púbere, de assisti-lo, agir conjuntamente com ele em situações ocorrentes (STRENGER, 2006).

Strenger (2006) entende que a guarda dos filhos é o poder submetido a um regime jurídico, para facilitar à criança os benefícios no exercício da proteção e amparo daquele considerado nessa condição. Existe a crença de que a guarda não só é um poder, pela semelhança que contém com os genitores, como é um dever, visto que decorre de dogmas legais, inclusive vindos do senso comum. Assim, podemos entender o exercício da guarda como um poder-dever.

Cabe aqui este breve esclarecimento dos tipos de guarda contemplados em nosso sistema legal, extraídos de Oliveira (2012): a) guarda unilateral: modalidade de guarda em que a responsabilidade da criação do menor é destinada a apenas um dos pais, deixando para o outro o direito de visitação e o dever de fiscalizar a atividade parental exercida pelo outro. Esse é, ainda, o modelo mais aplicado como solução dos processos judiciais de disputa de guarda no país; b) guarda alternada: não está prevista em nossa legislação; constitui-se no revezamento do exercício da guarda e da moradia do menor, seguindo um ritmo predeterminado e organizado em que, a cada rotação, o genitor em exercício será o detentor integral dos poderes/deveres constantes do poder familiar; esse modelo é criticado pela maior parte dos operadores do direito, mas, mesmo assim, ainda é utilizado por alguns juízes e desembargadores em sede de recurso; c) guarda compartilhada: nesse modelo, há o compartilhamento da responsabilidade pela formação da criança, a partir, principalmente, de decisões em conjunto sobre educação, saúde, segurança e lazer; é um instituto que permite ao filho a participação dos pais em todos os momentos de sua vida, bem como fazer parte do cotidiano dos pais independentemente de dividirem ou não a mesma moradia.

A guarda compartilhada foi importada para nosso país como uma forma de preservar laços familiares e atender ao melhor interesse do menor de idade, considerado como vulnerável, assim estaria preservando sua integridade psicofísica. Nesse sentido, a intenção foi de igualar pai e mãe no direito/obrigação de propiciar o melhor ambiente para o crescimento dos filhos, no que diz respeito à estrutura material, psicológica e afetiva (COSTA, 2015).

Chaves e Nabinger (2006) destacam que a atuação de psicólogos no processo de separação é uma possibilidade de busca do entendimento dos fatos e de contribuição profilática a essas famílias estagnadas em seu desenvolvimento em razão dos conflitos relacionais.

O grande número de conflitos que acompanham essa ruptura da configuração familiar tem exigido o envolvimento crescente de psicólogos e outros profissionais da saúde mental na avaliação de crianças e famílias nos casos de disputa de guarda. Os psicólogos exercem importante papel em relação às crianças e ao judiciário quando fornecem informações competentes, objetivas e imparciais. Para que isso ocorra, é necessário demonstrar um propósito objetivo nos processos de avaliação para determinação de guarda. É preciso deixar clara a natureza e o escopo da avaliação, assim como proceder eticamente. Competências e conhecimento específicos são exigidos nas avaliações para determinação da guarda, de forma a fornecer serviços adequados ao judiciário. A avaliação para determinação de guarda no contexto de divórcio pode ser uma tarefa extremamente difícil (APA, 1994 *apud* LAGO, 2008).

Entre as dificuldades encontradas pelos psicólogos em um processo de avaliação específico de disputa de guarda, alguns aspectos merecem especial atenção. De acordo com Rovinski (2007), o foco dessas avaliações deve estar na competência parental quanto à relação com a criança, e nunca em uma característica pessoal individual. O pai e a mãe serão sempre avaliados em relação a uma determinada criança e em um dado contexto. A avaliação deve ultrapassar o casal e a própria psicologia, atingindo o entorno social, de modo a refletir os recursos da família extensiva e da própria comunidade. O grau de incongruência entre as habilidades parentais e as necessidades da criança é que orientará a tomada de posição no que se refere à retirada ou manutenção do poder familiar.

Os procedimentos e testes utilizados para avaliar as habilidades dos genitores e as necessidades de seus filhos são comumente alvos de debates. De acordo com Brodzinsky (1993 *apud* LAGO, 2008), quatro principais tipos de ferramentas são tipicamente utilizados para avaliar a competência dos pais: instrumentos de avaliação intelectual, testes de desempenho para crianças, testes de personalidade e instrumentos para medir as atitudes e crenças dos pais. Contudo, o cumprimento de diferenças nos desempenhos dos testes de ambos os genitores não é suficiente para estabelecer com quem deverá ficar a guarda dos filhos. Devem ser realizadas observações de comportamento das interações pais/filhos e também são sugeridas entrevistas de filhos adolescentes.

Em um nível individual, muitos dos instrumentos de pesquisa que avaliam atitudes parentais podem refletir um preconceito em relação às crenças sobre parentalidade aprovadas pela cultura dominante. Conforme Gray-Little e Kaplan (2002 *apud* LAGO, 2008), é fundamental considerar os efeitos do desejo social e do consentimento das respostas dos avaliados aos instrumentos. Nos casos da guarda de filhos, em que os avaliados podem perceber suas respostas como determinantes para que eles obtenham a guarda de seus filhos, a tendência é fornecer respostas socialmente desejadas. Isso pode levar a um perfil que é inválido e não corresponde à real atitude de paternagem/maternagem daquele genitor. Observações diretas das interações entre pais e filhos, consulta a membros da família ou comunidade que estão familiarizados com o estilo parental do entrevistado são sugeridas a fim de produzir uma figura mais fiel das habilidades do genitor do que o uso singular de um instrumento de avaliação. É importante entender a história de vida do entrevistado para situar a interpretação dos resultados em um contexto realista.

Silva (2006) observa que as principais dificuldades do casal resultantes em processos de separação ou divórcio litigiosos, disputa de guarda, regulamentação de visitas, pedido de pensão alimentícia ou reconhecimento de paternidade derivam da estrutura de personalidade de cada um dos ex-cônjuges. Assim, reforça-se a importância de avaliar a dinâmica do ex-casal, suas estruturas de personalidade e suas competências parentais, além de avaliar o nível de desenvolvimento dos filhos. Por meio da integração desses dados, é possível esclarecer os conflitos existentes, descrever as habilidades de maternagem e paternagem e as necessidades das crianças, fornecendo importantes subsídios para a decisão judicial.

Questões referentes a doença mental, retardo mental, idade (muito jovem ou muito velho) e até deficiências físicas não devem ser utilizadas como indicadores de incompetência geral. É necessário realizar uma avaliação adequada e contextualizada da competência individual, extrapolando os limites das funções que devem ser avaliadas. Uma sugestão de Rovinski (2004) para dirigir o trabalho é buscar a compatibilidade entre as necessidades da criança e as potencialidades para o atendimento delas por parte dos pais. Um diagnóstico mental só terá sentido nesse contexto se inviabilizar o exercício dessas competências parentais.

Após determinar o objetivo da avaliação, é necessário buscar as formas para avaliar habilidades de maternagem e paternagem, estruturas de personalidade, qualidade dos vínculos parentais e outros aspectos relevantes conforme a situação demandada. Poucos estudos empíricos fornecem informações úteis acerca dos procedimentos que devem ser utilizados em avaliações de disputa de guarda. Entre eles, destacam-se os estudos de Keilin e Bloom (1986 *apud* LAGO, 2008) e Ackerman e Ackerman (1997 *apud* LAGO, 2008).

Ressalte-se que à época da pesquisa de Keilin e Bloom (1986 *apud* LAGO, 2008) não existiam instrumentos de avaliação específicos para essa área. A elaboração de escalas desse tipo demonstra a necessidade de instrumentos para a área jurídica, e não apenas um "empréstimo" dos instrumentos existentes e utilizados na área clínica.

Na guarda, Rosenberg (2000) propõe que a essas avaliações não se aplicaria o termo diagnóstico, mas sim o de "processo de estudo das dinâmicas psíquicas", nas quais o sentido de estar em processo tem uma fundamental relevância e a constituição da subjetividade da criança é vista em movimento. Para conquistar essa competência, faz-se necessário que o profissional da psicologia faça uso dos aportes teóricos como balizadores para perceber os impasses e cruzamentos que se encadeiam nas narrativas sobre as escolhas amorosas do casal conjugal e sobre o lugar subjetivo que o filho ocupa para o casal parental.

Essas avaliações se constituem, portanto, como intervenções e, embora pontuais, muitas vezes redimensionam o caráter destrutivo das separações conjugais. O que está em jogo aqui não é a dissolução dos conflitos familiares, mas a possibilidade de uma nova organização desse sistema, em que não mais persista a devastação, que estava em curso, da subjetividade da criança (COSTA et al., 2009).

A questão que deve nortear uma avaliação psicológica envolvendo disputa de guarda é "o que será melhor para a criança". Diferentes autores sugerem focos diversos que uma avaliação desse caráter deveria ter. Rivera *et al.* (2002) propõem avaliar os cuidados parentais, atendendo a três grandes áreas de necessidades da criança: de caráter físico-biológico, cognitivas, emocionais e sociais. As necessidades de caráter físico-biológico dizem respeito aos cuidados com integridade física, alimentação, higiene, sono, atividade física e proteção frente a riscos reais. As cognitivas englobam a estimulação sensorial, a exploração e compreensão da realidade física e social e a aquisição de um sistema de valores e normas. Por fim, as necessidades emocionais e sociais compreendem segurança emocional, identidade pessoal e autoestima, rede de relações sociais, estabelecimentos de limites de comportamento e educação e informação sexual.

Entrevistas clínicas individuais com cada um dos genitores e cada um dos filhos são procedimentos quase universais utilizados como parte integrante do processo de avaliação. Contudo, outras atividades são vistas como componentes importantes desse tipo de avaliação, tais como: testagem psicológica, observação da interação pais/filho, entrevista clínica coletiva dos filhos sem a presença dos pais, informações de terceiros (como amigos e parentes) e visitas domiciliares ou à escola dos filhos. Muitos profissionais envolvem-se também em atividades afins, como a redação de documentos, consulta a advogados e depoimentos em audiências (KEILIN; BLOOM, 1986 *apud* LAGO, 2008). Seguidamente, colhem informações de outras pessoas que desempenham papéis significativos no cotidiano e na vida da criança, como avós, babás, amigos, professores, médicos e vizinhos, sendo que estas podem ocorrer no consultório, ao telefone ou durante visitas domiciliares (CHASIN; GRUNEMBAUM, 1981 *apud* LAGO, 2008; GARDNER, 1982 *apud* LAGO, 2008).

No caminho dos sentimentos de rancor e amargura que podem permanecer após um duro processo de separação ou divórcio em que os genitores não conseguem deixar suas questões e frustrações de lado, estes possibilitam sérias consequências para o desenvolvimento das crianças, principalmente quando elas são afastadas do convívio do genitor que não possui a guarda. Atualmente, fenômenos como esse têm sido evidenciados com mais frequência entre casais que se separam (GARDNER, 1999 *apud* LAGO, 2008).

Tais fenômenos podem trazer inúmeras consequências quanto aos aspectos psicológicos e futuros comportamentos por parte da criança que vivencia, por exemplo, a síndrome de alienação parental, tais como: doenças psicossomáticas, ansiedade, depressão, nervosismo e, principalmente, agressividade, transtornos de identidade, comportamento hostil, culpa, inclinação a álcool e drogas, e até uma repetição do comportamento apreendido.

2.1 ALIENAÇÃO PARENTAL E SÍNDROME DE ALIENAÇÃO PARENTAL (SAP)

O conceito de alienação parental surgiu no ano de 1985, por meio do psiquiatra e psicanalista Richard Gardner, o primeiro autor a abordar esse tema. De acordo com Gardner, a alienação parental é um processo difamador de um dos pais contra o outro, sem razões evidentes. Então, pode-se entender alienação parental como um conjunto de manipulação da criança contra o genitor e da decorrente colaboração da criança para acertar o genitor alienado (GARDNER, 2002). A alienação parental ganhou importância e evidência com a Lei n.º 12.318/2010. Conforme descrito no art. 2º da referida lei:

> [...] considera-se ato de alienação parental a interferência na formação psicológica da criança ou do adolescente promovida ou induzida por um dos genitores, pelos avós ou pelos que tenham a criança ou adolescente sob a sua autoridade, guarda ou vigilância para que repudie genitor ou que cause prejuízo ao estabelecimento ou à manutenção de vínculos com este.

Segundo os autores Bastos e Luz (2008), o progenitor que possui a guarda utiliza várias maneiras e artifícios para modificar a consciência dos filhos, como se modificasse o filho para ter sentimentos de ódio e raiva contra o outro genitor sem razões, de maneira que a criança pratica essa conduta de desprestigiar o outro progenitor e, assim, danificando o vínculo afetivo entre o filho e o progenitor alienado.

O genitor que não tem a capacidade de entender o luto da separação, normalmente gera um processo de desmoralização, sendo este quem sente que deve ficar com a guarda dos filhos, ao notar o empenho do outro para manter o convívio, tem o desejo de vingança e utiliza-se de todas as ferramentas para separá-los. Ele então gera várias situações com o objetivo de dificultar a convivência e é a partir dessa situação que a criança começa a sentir raiva e ódio e a recusar a presença do genitor alienado (FONSECA, 2006).

De acordo com Gardner (1985), a alienação parental (AP) apresenta-se em três estágios. No primeiro (estágio leve), as crianças têm intensos vínculos emocionais com ambos os genitores. Os filhos manifestam o desejo de que os impasses sejam resolvidos sem que se sintam confusos quando escutam menções do progenitor alienador, em que se manifesta a diminuição da imagem e da relevância do outro progenitor. É nesse estágio que o genitor alienador se esquece de informar compromissos como festas, reuniões, alegando para a criança que o outro genitor não compareceu, pois esqueceu e, assim, cria situações para que o filho não tenha o desejo de visitar o outro genitor (GARDNER, 1985).

No segundo estágio (estágio médio), aparecem alguns conflitos mais fortes que, geralmente, ocorrem quando é feita a entrega do filho para o pai que não possui a guarda; nesses períodos de visitas, podem acontecer discussões e agressões. O genitor alienador se utiliza de todas as ferramentas para destruir qualquer tipo de laço afetivo na vida da criança com o outro genitor. É durante esse estágio que o filho começa a rejeitar o encontro com o outro responsável, também fingindo situações que não existem e, quando está no momento da visita, mostra um comportamento hostil, mas, algum tempo depois, esse comportamento vai se tornando mais fraco (GARDNER, 1985).

No terceiro e último estágio (estágio grave), os filhos têm um sentimento de raiva e ódio diante do genitor alienado, enquanto o outro responsável é protegido e muito amado. É nessa etapa mais avançada da alienação parental que podem aparecer falsas denúncias de abuso sexual. Essa é a etapa mais grave e o filho aponta sinais de agressividade, momentos de violência, crises de pânico, gritos, especialmente nos momentos que antecipam a visita do genitor que não possui a guarda (GARDNER, 1985).

De acordo com Calçada (2015), a alienação também pode acontecer nos casos em que não ocorre a separação, como, por exemplo, quando uma adolescente fica grávida e os filhos têm que ficar com os avós. Nessa situação, pode ocorrer a alienação por parte dos avós por medo de perder a autoridade e o poder sobre a criança, caso os pais consigam a autonomia para viver sozinhos. A autora Couri (2013) ainda destaca outra ideia comum no estudo da alienação parental, que pode ser diferente da realidade. São os casos dos genitores que não possuem a guarda e se utilizam do momento que têm com os filhos para fazer a alienação. A autora ressalta que, muitas vezes, a ideia geral é a de que o genitor guardião faz a alienação. A posse da guarda muitas vezes possui dois pontos para serem analisados, pois o genitor que possui a guarda fica por mais tempo com a criança, mas também fica com a responsabilidade da rotina e deveres que a criança deve exercer e, muitas vezes, esse genitor pode ficar com a imagem de ser mais severo, que coloca de castigo enquanto o outro, que, muitas vezes, passa um tempo limitado com a criança, fica com a imagem do genitor que leva para passear e dá presentes. De acordo com Motta (2006), essas atitudes possuem grande interferência na mente das crianças, pois não é somente no aspecto afetivo que os filhos dependem do pai, mas também no aspecto cognitivo, por motivo das suas experiências restritas e habilidades perceptivas.

Quando as crianças passam pelo processo da alienação parental, as falsas memórias são criadas e elas acreditam verdadeiramente no que o alienador relata, passando a ter sentimentos de medo, insegurança e ansiedade contra o alienado.

Segundo Calçada (2015), o processo de alienação é mais provável de acontecer quanto menor é a criança, pois ela ainda compartilha da esfera cognitiva do alienador. Cabe salientar que a criança que sofre a falsa memória acredita verdadeiramente nela e não é como uma mentira que facilmente pode ser transformada. Então, se o genitor alienador "insere" na mente do filho que ele foi abandonado pelo outro genitor, a criança acredita na verdade das informações obtidas e passa a transmitir para as outras pessoas, não tendo noção das invenções que foram transmitidas para ele. A desarrumação entre a imaginação e a realidade pode acontecer de modo espontâneo, e não incentivada por outra pessoa, então nesses casos não ocorre a alienação parental.

Conforme Pinto (2012), as consequências da alienação parental variam de acordo com a idade, o temperamento, a personalidade, o nível de maturidade psicológica e a intensidade de influência que o alienador possui sobre a criança. Alguns sintomas que podem aparecer em um primeiro instante nas crianças que sofrem alienação são angústia muito forte, agressividade, inibições, medo, tiques nervosos, somatizações e bloqueios na aprendizagem. As crianças que sofrem com a alienação parental demonstram quebra de personalidade e transtornos comportamentais, danificando o seu desenvolvimento e construção social. A alienação parental está ligada aos casos constantes de uso de drogas e álcool e também a outras doenças psicossomáticas. Esses aspectos podem prejudicar o seu desempenho escolar, pois elas mostram muita dificuldade em se concentrar e aprender.

Além desses sintomas, num primeiro momento, as crianças podem desenvolver consequências mais sérias, como a depressão crônica, desespero, transtornos de identidade e de imagem, incapacidade de adaptação, isolamento, incontrolável sentimento de culpa, desorganização, comportamento hostil, dupla personalidade, entre outros. Pelas razões referidas anteriormente, instigar a alienação parental em uma criança ou adolescente é considerado por muitos como um comportamento abusivo, comparando a constrangimentos, ameaças e sofrimentos de alguma ordem. Não apenas o genitor alienado sofre com isso, mas todos os que fazem parte da vida da criança, como os familiares e amigos, privando o menor de uma convivência afetiva e que deveria permanecer integrada (OLIVEIRA, 2015).

Segundo Oliveira (2015), o transtorno surge, geralmente, no contexto de disputas de custódia dos filhos, manifestado mediante uma campanha de difamação de um genitor contra o outro e, também, da contribuição da criança, sem motivos relevantes. Esse processo patológico é conceituado como síndrome da alienação parental. Existe uma diferença entre alienação parental e síndrome de alienação parental, já que a síndrome se refere às consequências das ações da alienação parental, realizadas pelo genitor alienador.

A alienação parental é a ação dos genitores que têm o desejo de distanciar o outro da criança e, assim, difama a imagem que a criança tem construída do genitor alienado, afetando a relação afetiva deles. Porém, a síndrome da alienação parental é composta pelos danos e malefícios causados pelo progenitor alienador na criança ou no adolescente, podendo ser física ou emocional (CONCEIÇÃO; PEDRINI, 2016).

Segundo Conceição e Pedrini (2016), a síndrome da alienação parental é a soma dos olhares externos que vai contribuir ou não para facilitar a instalação dessa situação. Enfim, vizinhos imóveis que consideram que cada um educa suas crianças como acha melhor e não se permitem dizer que a situação é estranha reforçam a posição do genitor alienante. O médico que não questiona a ausência do pai ou da mãe também facilita a tarefa desse genitor.

3

AVALIAÇÃO PSICOLÓGICA NO JUDICIÁRIO

Atualmente, no Brasil, a área da psicologia jurídica ainda está em construção, contudo, ela se apoia no saber já elaborado pela psicologia nas distintas frentes e abordagens, com o objetivo de oferecer suporte por meio de uma escuta diferenciada dentro do sistema judiciário, procurando uma atuação conjunta do setor jurídico com a psicologia para prestar um serviço à cidadania, respeitando o outro enquanto ser humano (CAMARGO; TAVARES; BARBOSA, 2013). De acordo com Miranda Junior (1998), esse processo de construção acarretou para os órgãos judiciais e legislativos a incorporação de noções e conceitos de outras áreas, entre elas a psicologia e a psiquiatria.

A aproximação entre a psicologia e o direito iniciou-se no campo da psicopatologia, com a execução de diagnósticos de sanidade mental requisitados por juízes, baseados no uso de testes significando a classificação e o controle dos indivíduos. Inicialmente o psicólogo tinha por função fornecer um parecer técnico fundamentando as decisões do sistema judiciário obtendo um catálogo subjetivo do diagnosticado e, de certa forma, este era normalmente descontextualizado. A partir desse ponto de vista, a psicologia vem sendo colocada como um dos saberes que pode contribuir cientificamente para o inquérito na produção jurídica.

Em meados do século XX, após o início das inserções da psicologia ao direito, diferentes designações começaram a surgir em função de uma área nova de trabalho. Segundo Selosse (1989 *apud* LAGO, 2008), essas designações apoiam-se no objeto de estudo. Na França, os que estudavam os autores das infrações colocaram o termo "psicologia criminal"; os que se propuseram a investigar as interações entre usuários do sistema de justiça e os juristas se utilizaram do termo "psicologia judiciária". Por fim, outro grupo, debruçado nas consequências do impacto da psicologia nas sanções e na punição, passou a usar o termo "psicologia penal".

Atualmente, o Conselho Federal de Psicologia utiliza o termo psicologia jurídica, definindo uma das especialidades permitidas ao psicólogo e apresentando para a adequada atuação uma ampla explanação. Para os autores Costa, Penso, Legnani e Sudbrack (2009), é um ponto em comum que não é permitido que se reduza a prática do psicólogo jurídico apenas à perícia. Concordando assim com Miranda Junior (1998) de que é indispensável uma abertura para a escuta do outro, trazendo a possibilidade do desabrochamento do sujeito em sua singularidade com relação à lei simbólica e com a lei definida pelos códigos jurídicos.

Retomamos Brito (2005), que chama atenção para a principal competência do psicólogo no judiciário, que deve ser a de resgatar a subjetividade presente nos processos, ou seja, apontar e focar o ponto de vista psicológico das questões que estão em decisão judicial.

Para que o contexto jurídico possa ser, ao mesmo tempo, de decisão e de transformação, mudanças deverão ocorrer, tanto na formação do psicólogo quanto na formação do operador do direito. Além disso, serão necessárias outras concepções de justiça, voltadas para o cuidado e a cidadania das pessoas, e não prioritariamente para a regulação das relações entre os cidadãos (COSTA et al., 2009).

Segundo Dimenstein (2000), a grande valorização do psicólogo como profissional autônomo e liberal esteve presente a partir do ingresso dos alunos na academia, pois entram na universidade com essa declaração de atuação profissional, o que se demonstra também como uma das formas mais contundentes de definir a profissão externamente.

Na psicologia, historicamente, desde os anos 1970, a atuação na clínica se estabeleceu com mais rapidez e marcou de modo permanente não somente os currículos, mas, também, o imaginário social perante a figura do psicólogo como aquele que atende em psicoterapia individual em consultórios resguardados por sigilo profissional (MELLO, 1975).

Assim, nessa conexão da psicologia com o direito, devemos nos questionar inicialmente sobre qual seria o propósito desse encontro e até mesmo quais seriam os seus limites. Para iniciar uma atuação, é necessário questionar quais seriam as atribuições que o profissional deve cumprir para traçar planos e metas de trabalho. Entendendo que o uso de uma mesma técnica garante o mesmo resultado em contextos diferentes, cabe aqui uma diferenciação entre a atuação de um psicólogo clínico e um psicólogo jurídico; pensando no objeto de investigação de cada atuação, o que se apresenta muitas vezes no judiciário são pessoas que não escolheram estar ali, que não falarão livremente de seus sentimentos e emoções sem censura ou por pensar que podem ser prejudicadas se disserem algo divergente. São situações que o contexto clínico, na maioria das vezes, não proporciona. O que se apresenta de um modo geral nas varas é o psicólogo de formação clínica.

Os estudos de Camargo, Tavares e Barbosa (2013) mostram que a aproximação da psicologia com o direito não se construiu apenas no campo do direito penal. De encontro a isso, nos apresentam atuações consagradas e com alto índice de êxito de psicólogos nos campos cíveis, da infância e juventude, no direito da família e outros. As experiências dessa junção entre a psicologia e o direito revelam uma forma de compreensão da conduta humana que converge para o esclarecimento das complexidades da personalidade do indivíduo como objeto de duas áreas que se complementam.

Segundo Camargo, Tavares e Barbosa (2013), a psicologia objetiva o conhecimento dos fenômenos psíquicos e do comportamento, de acordo com o dicionário, podendo a psicologia ser pensada, portanto, como o estudo da conduta humana. Assim como a ciência psicológica, o direito, a sociologia, a antropologia, a psiquiatria, a política, entre tantas, cuidam do comportamento humano diante do estabelecimento de normas e regras, visando à convivência social. A partir daí, ambos os ramos do conhecimento se vinculam à análise do comportamento ou da conduta do ser humano, podendo convergir para o esclarecimento e compreensão das inúmeras e complexas configurações da personalidade humana.

Para se caracterizar como psicólogo jurídico, não é necessário que sua prática seja apenas em tribunais, o termo inclui os que trabalham relacionados diretamente ao sistema de justiça. Em sua designação, os psicólogos estão sendo lotados em varas de família, não possuindo vínculo empregatício, mas indicados pelos juízes como peritos. Incluem-se aqui também os que são cedidos por órgãos públicos, bem como aqueles que estão lotados em outras instituições, porém produzem trabalhos endereçados ao juízo de família. Saliente-se que esses profissionais integram equipes interprofissionais nos Tribunais de Justiça podendo ser lotados, separada ou cumulativamente, nas varas de infância e juventude e nas varas de família.

Há também aqueles pertencentes a outros setores do serviço público, mas que recebem encaminhamentos que solicitam avaliações ou diagnósticos. Todas essas funções se enquadram no campo de trabalho da psicologia jurídica. Não se podendo esquecer os psicólogos clínicos que, por vezes, são solicitados a emitir pareceres que serão anexados ao processo. Aqui cabe um cuidado ético mais do que especial, que trata da quebra de sigilo que pode ocorrer nesses casos, sendo de suma importância que o psicólogo tenha clareza do papel que está desempenhando naquele contexto (CFP, 2010).

O cuidado para não transformar o processo de avaliação forense em um contexto psicoterapêutico é um desafio para os psicólogos que receberam uma formação acadêmica clínica. Há uma tendência desses profissionais a exercer um papel terapêutico, buscando intervenções que procuram gerar mudanças no periciado. Dessa forma, criam situações de conflito ético, especialmente em relação ao nível de confidencialidade. No que concerne às técnicas utilizadas, a avaliação psicológica no contexto forense não difere de forma substancial daquelas realizadas no contexto clínico. Contudo, são necessárias algumas adaptações dos procedimentos, a fim de evitar situações antiéticas e de conduzir ao descrédito quanto ao alcance do que é informado (ROVINSKI, 2004).

Melton *et al.* (1997 *apud* LAGO, 2008) propuseram seis dimensões para diferenciação do trabalho do psicólogo nos contextos clínico e jurídico: o escopo, a perspectiva do cliente, a questão da voluntariedade e da autonomia, os riscos à validade, a dinâmica do relacionamento, o tempo e o *setting* da avaliação. Em um processo de avaliação no consultório, o paciente apresenta-se por vontade própria, ao passo que a avaliação forense pressupõe sempre o encaminhamento de um juiz ou advogado, o que implica clientes resistentes e pouco cooperativos. Em decorrência disso, a dinâmica do relacionamento entre avaliador e avaliado será diferente, devido aos limites da confidencialidade e à motivação do cliente. A validade dos achados psicológicos é posta em risco, uma vez que há uma distorção consciente e intencional do periciado, que se preocupa com a "aprovação" ou a "reprovação" em relação à matéria jurídica.

É importante que o psicólogo se atenha à precisão da informação e às repercussões do diagnóstico clínico frente aos construtos legais a ele relacionados (TRENTINI; BANDEIRA; ROVINKSKI, 2006). Em situações de disputa de guarda, é esperado que os pais se preocupem com a "aprovação" do perito em relação às suas atitudes no exercício da maternidade/paternidade, a fim de garantir para si a guarda do filho.

4

ESTUDOS PSICOLÓGICOS DECORRENTES DA DISPUTA DE GUARDA

No decorrer de sua prática, o psicólogo tem sido solicitado a elaborar documentos em contextos diferentes, entretanto, segundo Moura *et al.* (2015), os dados que se apresentam na literatura especializada nos possibilitam compreender que essa tarefa de produção de documentos costuma ser evitada, pois acaba por comprometer o profissional. Principalmente para profissionais inseguros, a dificuldade encontrada é ser necessário um largo conhecimento, experiência na área clínica e dedicação.

Mais especificamente na produção de laudos psicológicos, o que se observa são as inúmeras denúncias que não param de chegar ao Conselho Federal de Psicologia com laudos sem validade verificável. O laudo psicológico é a apresentação do trabalho pericial, portanto, é entendido como a comunicação técnico-científica que tem natureza oficial e possui como destinatário o juiz que o solicitou. Tendo seu valor intrínseco e extrínseco, a investigação é o estudo por meio do qual se faz a combinação dos conhecimentos de um saber — a psicologia — com outro — aquele que os operadores do direito detêm (MOURA *et al.*, 2015).

Os estudos psicossociais, de acordo com Costa *et al.* (2009), apresentam dois aspectos interessantes. O primeiro vai se delineando como um estudo que tem conotação mais compreensiva e discursiva do que a contida em expressões como perícia ou parecer. O segundo aspecto é de ordem psicossocial, não somente da ordem do psicológico ou do psicopatológico, o que traz implícita uma diferença que é o reconhecimento de que as questões a serem mediadas no judiciário possuem uma dimensão que é de ordem social, ampliando ainda mais a intenção de entendimento que se configura a partir dos conflitos, essência da decisão dos juízes.

O estudo psicossocial como modalidade de atuação conduz a uma possibilidade de que o psicólogo construa uma dimensão interventiva em seu trabalho. Cesca (2004) questiona como a justiça pode ir além do bloqueio, oferecendo suporte às famílias ou ao sujeito, bem como a necessária condição de reparação para o agressor, tanto nos casos de divórcios destrutivos como nos de violência sexual contra crianças.

Os atendimentos psicológicos para subsidiar os estudos psicossociais podem incluir entrevistas, jogos lúdicos com as crianças e observações no local realizadas nas residências das famílias, dependendo da complexidade de cada caso. Os jogos relacionais familiares têm um tempo para se desenvolverem e esse tempo não é cronológico, mas lógico e particular para cada família, o que se torna um entrave para se pensar em intervenções padronizadas, feitas em um tempo fixo. Porém, em função do excesso de demanda, os estudos são concluídos em um número padrão de encontros da equipe com as famílias, o que gera, muitas vezes, angústia nos profissionais quando pressentem que as intervenções podem não ter se constituído como minimamente terapêuticas (CESCA, 2004). Do ponto de vista operacional, os profissionais reúnem indícios que lhes permitem compreender o modo de funcionamento familiar e as distorções no cumprimento das funções parentais que se fazem presentes.

Desse modo, é um trabalho de interpretação, de construção de hipóteses a partir desse material simbólico, narrativo e dialógico que se estrutura no interior das famílias. O trabalho terapêutico a ser construído pauta-se na mudança do paradigma de culpabilização dessas famílias para um de responsabilização perante a criança. Sob essa ótica, as intervenções são feitas para que o casal se recoloque diante da decisão judicial e perceba que não existem partes que perdem seus direitos, mas que ambas as partes vão continuar operando para o bem-estar dos filhos (COSTA et al., 2009).

O que se propõe para reflexão são algumas das tarefas solicitadas ao serviço psicossocial, tais como: atuar nos processos judiciais e administrativos encaminhados ao serviço pelas autoridades judiciárias e administrativas, no prazo que lhe for assinado, fornecendo relatórios e pareceres técnicos dos casos estudados, assim como proceder à realização de estudo psicossocial, elaborando um relatório final (COSTA et al., 2009).

Para Camargo, Tavares e Barbosa (2013), a avaliação psicológica joga luz para novos olhares sobre o litígio, pois sai à procura de uma percepção não manifesta das partes envolvidas, sendo a razão mobilizadora do processo ou do conteúdo subjetivo velado no desenrolar de cada caso. Com isso, a intervenção psicossocial dos profissionais que contribuirão por meio do conhecimento específico em cada área embasará a decisão judicial.

A realização do estudo psicossocial na área jurídica se apoia nos conceitos básicos da psicologia, porém precisa ser adaptada com as normas legais, sendo de suma importância estabelecer modelos de conceituação, diferentes dos utilizados na clínica, para que se possa produzir conhecimento relevante no panorama legal. Métodos de investigação na clínica como testes, entrevistas, informações de familiares e de terceiros são também utilizados na investigação psicossocial pelos psicólogos, contudo a estrutura dessa avaliação sendo bem específica necessita de adaptação dessas informações ao que foi questionado. Partindo desse princípio, a metodologia utilizada no estudo psicossocial pode variar de profissional para profissional, como também em função da demanda a ser investigada, pode se relacionar com a vara que solicitou: de família, infância e juventude, cível, penal e outras (CAMARGO; TAVARES; BARBORA, 2013).

O psicólogo tem como deveres fundamentais previstos no seu código de ética profissional:

> Assumir responsabilidades profissionais somente por atividade para as quais esteja capacitado pessoal, teórica e tecnicamente; fornecer, a quem de direito, na prestação de serviços psicológicos, informações concernentes ao trabalho a ser realizado e ao seu objetivo profissional; Informar, a quem de direito, os resultados decorrentes da prestação de serviços psicológicos, transmitindo somente o que for necessário para a tomada de decisão que afeta o usuário ou beneficiário; Orientar, a quem de direito, sobre os encaminhamentos apropriados, a partir da prestação de serviços psicológicos, e fornecer, sempre que solicitado, os documentos pertinentes ao bom termo do trabalho (CFP, 1996).

Salienta-se a importância do cumprimento dos deveres éticos que devem ser observados pelo profissional na esfera de suas atribuições e que, na maioria das vezes, se resumirá em um documento escrito, e este se traduzirá em um laudo que será remetido ao juízo (CAMARGO; TAVARES; BARBOSA, 2013). Com a expansão do setor jurídico e o acesso à justiça, surgiram novas demandas e tem sido muito comum requisitarem o trabalho do psicólogo, como na área civil com a avaliação de danos colocando a possibilidade de valor nas perdas ligadas aos afetos, à moral ou à imagem pessoal. Supõe-se que, dessa forma, os operadores do direito possam atentar para a contribuição que os profissionais e técnicos das áreas sociais e psicológicas podem trazer com os aspectos subjetivos e imperativos dos envolvidos no processo, que, por vezes, não é nem a questão levantada nos autos.

Partindo da premissa de que todas as pessoas, incluindo os magistrados, são impactadas por aspectos inconscientes que dirigem suas atitudes e que estão indiferentes ao seu próprio eu, é de suma importância estar atento à própria subjetividade reconhecendo o valor do auxílio psicossocial. As demandas, ao chegarem por recurso no judiciário em geral, estão desatualizadas ou até deixam de refletir a real situação pleiteada. E em muitos casos os profissionais que são encarregados dos laudos não são especialistas na área ou sequer possuem habilidade para a elaboração do estudo, o que produz mais demanda, pois seus pareceres precisam de revisão.

4.1 PERÍCIA

Silva (2006) afirma que o próprio código não conceitua o que chama de perícia, limitando-se apenas a afirmar que a prova pericial são procedimentos de: exame, de vistoria ou de avaliação. Mas essa autora também afirma que o psicólogo terá que se encaixar nesses artigos para executar o seu trabalho nas varas de família.

Uma das questões levantadas por Silva (2006) diz respeito ao fato de que os procedimentos de atuação dos profissionais psicólogos nesses serviços são definidos sem nenhuma participação do Conselho Federal de Psicologia (CFP) ou dos Conselhos Regionais de Psicologia (CRP), fazendo com que prevaleça uma perspectiva clássica do seu trabalho e dificultando a delimitação do seu espaço na interface com o direito.

Atualmente, atuamos em um serviço que é definido como o conjunto de atividades técnicas desenvolvidas nas áreas da psicologia, da pedagogia e do serviço social, com a finalidade de assessorar os serviços judiciários e administrativos desse tribunal, tendo como missão avaliar e intervir na dimensão psicossocial das questões apresentadas (BRASIL, 1992).

Cabe ressaltar que um documento interno do Tribunal de Justiça do Distrito Federal e Territórios que institui a Secretaria Geral dos Serviços Psicossociais especifica melhor a atuação dos profissionais, indicando mais claramente a quem responde o psicólogo: (a) assessorar os magistrados das varas de família, cíveis, precatórias e de competência geral de todo o Distrito Federal, realizando estudos psicossociais referentes aos processos encaminhados e fornecendo informações, análises e pareceres que possam subsidiar a decisão judicial; (b) assessorar os magistrados das varas criminais nos processos cuja problemática gira em torno da dinâmica familiar, também mediante a elaboração de estudos e pareceres psicossociais, que possam subsidiar as decisões judiciais. É sobre essas tarefas, e os profissionais que as executam que nos propomos a refletir. A atuação do psicólogo na justiça foi se delineando na direção de um assessoramento direto ao magistrado, quer na confecção de perícia ou de parecer ou de relatório, até ser definido como a construção de um estudo psicossocial (BRASIL, 1992).

Por fim, cabe observar que o papel do perito forense se concretiza no laudo pericial. Esse documento deve ser redigido de forma clara e objetiva, tendo em mente que os argumentos, conclusões e recomendações ali dispostos exercem muita influência sobre as decisões dos juízes na definição de guarda e nas questões de visitação da criança.

Considerando ainda a perspectiva do cliente e a questão da voluntariedade e autonomia, Ramires (2006) observa que nas avaliações forenses o avaliado tem uma participação central, não se tratando apenas de um "objeto de análise". O processo de avaliação implica um processo de autoconhecimento, de reflexão e de questionamento que deve levar ao desenvolvimento da capacidade de autonomia, independência, discriminação e discernimento da sua participação e responsabilidade nos conflitos em questão. Assim, os resultados dessa avaliação não terão um conteúdo estranho ou alheio ao avaliado, uma vez que foram construídos em conjunto, trabalhados e discutidos com o próprio periciado, maior interessado na questão em foco.

A informação da perícia deve ser precisa, com vistas a garantir a qualidade do relatório final. É necessário privilegiar os objetivos propostos pelos operadores do direito, ainda que a visão do perito seja importante. A avaliação forense não deve ficar restrita ao discurso do periciado, e sim buscar outras fontes de informação relevantes (ROVINSKI, 2004). Assim, é importante atentar para as respostas socialmente desejáveis e para a possível omissão de práticas educativas consideradas inapropriadas pela sociedade. Tais informações podem ser confrontadas por meio de entrevistas com terceiros e observações da relação pais-filhos.

Cabe considerar que a psicologia jurídica é uma especialidade da psicologia reconhecida pelo Conselho Federal de Psicologia, que recomenda, na Resolução n.º 7/2001, que os psicólogos devem escolher as técnicas e instrumentos adequados ao que estão se propondo a medir e avaliar, devendo levar em conta as circunstâncias em que o procedimento de avaliação será realizado, os atores envolvidos com seus sentimentos e emoções, lembrando que todos os princípios éticos e técnicos precisam ser resguardados (CFP, 2010).

5

PESQUISA DOCUMENTAL

A escolha pela pesquisa documental e não bibliográfica define-se pela natureza das fontes de cada pesquisa. Enquanto a pesquisa bibliográfica investiga as contribuições de diferentes autores sobre o tema escolhido, contemplando as fontes secundárias, a pesquisa documental analisa materiais que ainda não receberam tratamento crítico, quer dizer, as fontes primárias, sendo essa a principal diferença entre a pesquisa documental e a pesquisa bibliográfica. Contudo, é de se esperar que na pesquisa documental o trabalho do pesquisador peça uma análise mais cuidadosa, tendo em vista que os documentos não passaram por nenhum tratamento científico. Entender o que significam as fontes primárias e secundárias é fundamental. As fontes primárias são os dados que têm uma correspondência direta com os fatos que serão analisados, são dados originais que o pesquisador analisará. Por fontes secundárias, entendem-se os dados que já são de domínio científico, pois foram trabalhados por outros estudiosos (SÁ-SILVA; ALMEIDA; GUINDANI, 2009).

Neste estudo, são examinados processos judiciais envolvendo a definição de guarda de filhos menores de idade que tramitam na I Vara de Família em Itaipava, no município de Petrópolis, no interior do estado do Rio de Janeiro, de 2017. Entre esses processos, em 31 deles, foram solicitados documentos de avaliação produzidos por psicólogos. Os documentos foram analisados buscando identificar se estão adequados às normas do manual de elaboração de documentos do Conselho Federal de Psicologia, o tipo de processo, se foram utilizados instrumentos de avaliação psicológica, se os resultados foram conclusivos e se foram estipulados quesitos.

Com autorização do juizado da I Vara de Família em Itaipava, responsável pelo pedido das avaliações psicológicas solicitadas ali pelo judiciário, foram analisados os encaminhamentos e relatórios produzidos em decorrência de disputa de guarda, confeccionados no ano de 2017, resguardando o sigilo das informações do processo e identificação dos envolvidos. Sendo assim, foram registradas as demandas em que foram solicitados os encaminhamentos, os procedimentos adotados para investigação, os construtos analisados, se há uma estrutura padrão para elaboração desses estudos e o tipo de informação inserida nos relatórios finais.

Para dar início à pesquisa documental, eu recebi uma senha provisória para ter acesso aos processos digitais que continham esses relatórios. Os dados foram acessados na própria Vara e eu tive assistência profissional da instituição. Ao levantar os documentos dentro de cada processo, foi utilizado o campo de pesquisa com diferentes descritores. Verificou-se que não há padrão na classificação daqueles. Em alguns processos, os documentos foram encontrados como "relatório psicossocial", outros como "laudo psicológico", outros, ainda, como "estudos psicossociais", sem diferenciação entre estes por finalidade ou estrutura, somente o nome do documento é diferente. Foram selecionados todos os documentos (31, no total) produzidos no ano de 2017 em processos de guarda compartilhada, que foram lidos e categorizados. Os dados foram organizados em planilha para interpretação.

Os dados forneceram subsídios para o roteiro de entrevista semiestruturada, que será analisada qualitativamente mais adiante e com as perguntas balizadas na investigação e discussão da pesquisa documental até aqui produzida.

Quadro 1 –

Categorias	Resultados	Total	Porcentagem
Adequação ao manual de elaboração de documentos do CFP	Sim	31	100%
Tipo de processo	Poder familiar	1	1%
	Visitação	13	42%
	Guarda	18	58%
	Fixação de alimentos	7	23%
Relatório conclusivo	Sim	7	23%
	Parcial	6	19%
	Não	18	58%
Instrumentos e técnicas	Entrevistas	31	100%
	Visita domiciliar	3	10%
	Contato com escola	8	26%
	Auto do processo	20	65%

Categorias	Resultados	Total	Porcentagem
Quesitos	Contém	0	0%
	Não contém	31	100%

Fonte: a autora

As informações nesse quadro demonstram como as normas fornecidas pelo manual de elaboração de documentos escritos produzidos pelo psicólogo decorrentes de avaliação psicológica do Conselho Federal de Psicologia foram obedecidas e como os documentos estão de acordo com a elaboração e os tópicos essenciais para a produção e escrita de relatórios. Também nos dá a dimensão do tipo de situação em que são solicitados os estudos psicológicos. Como podemos observar, em sua maioria, os relatórios são solicitados em disputas de guarda, seguido por estabelecimento de visitação.

Os dados preliminares apresentados na tabela anterior nos mostram que não há outros recursos utilizados pelos psicólogos além da entrevista e leitura dos autos para embasar os relatórios. Com isso, a partir dessas correlações, trago uma análise do conteúdo dessas entrevistas, elencada no quadro a seguir.

Quadro 2 –

Assunto	Ação	Idade	Entrevistas	Conteúdo	Técnicas psicológicas	Conclusão
Estudo social e psicológico	Suspensão ou extinção do poder familiar	13 anos	1 genitor 1 avô paterno	Transcrição dos relatos das entrevistas. Discute o vínculo afetivo e relacionamento paterno-filial.	Não há.	Indicação para reavaliar o caso a fim de verificar se é de destituição de poder familiar ou guarda.
Estudo social e psicológico	Guarda	4 anos	1 irmã materna 1 genitor 1 criança	Transcrição dos relatos das entrevistas. Avalia o papel dos familiares no contato com a criança, separando os núcleos paterno e materno. Descreve a situação familiar.	Não há.	Afirma que não há situações que desabonem a conduta do pai enquanto guardião e a necessidade deste permanecer abstinente. Indica possibilidade de compartilhamento da guarda entre irmã e pai, considerando o desaparecimento da mãe.
Estudo social e psicológico	Visitas	10 anos	1 criança 1 genitora 1 tia paterna e guardiã 1 padrasto 1 filho da tia	Transcrição dos relatos das entrevistas. Retoma o processo anterior com a mesma temática, informando que a genitora não cumpriu o acordo de visitas. Avalia a relação da genitora e da tia com a criança.	Não há.	Avalia o convívio da criança com a genitora afirmando que não há vínculo ou confiança. Relata falta incoerente e pouca atenção da mãe para a filha. Orienta a manutenção do acordo de visitação.

Assunto	Ação	Idade	Entrevistas	Conteúdo	Técnicas psicológicas	Conclusão
Estudo social e psicológico	Visitas	2 anos	1 genitor 1 madrasta 1 avó paterna 1 genitora 1 marido do bisavô	Descreve o relacionamento conflituoso dos pais e a não aceitação do fim do relacionamento por parte da progenitora materna. Destaca o interesse do genitor em se aproximar da filha por meio de guarda compartilhada. O pai não quer a convivência da filha com o bisavô, que também é pai da genitora.	Não há.	Sugere ampliação da visitação e orientação dos núcleos familiares advertindo sobre negligência.
Estudo social e psicológico	Guarda	8 anos	1 genitor 1 avó paterna 1 genitora 1 avó materna 1 irmão materno 1 criança	Transcrição dos relatos. Fala do vínculo com o genitor e avós paternos. Ressalta emoções percebidas em entrevistas.	Não há.	Afirma não perceber a influência da avó paterna na visita da mãe. Indica a convivência da mãe e irmãos. Continuidade ao processo terapêutico da criança. Advertência ao genitor para não falar nada que desqualifique a genitora e família materna.

Assunto	Ação	Idade	Entrevistas	Conteúdo	Técnicas psicológicas	Conclusão
Estudo social e psicológico	Regulamentação de visitas	1 ano	1 genitora 1 avó materna 1 genitor 1 avó paterna 1 tia paterna	Transcrição dos relatos das entrevistas. Vitimização do genitor por não ver a filha. Forte vínculo com a mãe e família materna. Boa convivência, porém pequena para a quantidade de pessoas, núcleo materno. Dificuldades financeiras.	Não há.	Relata perceber a maturidade da genitora com relação ao convívio da criança com o genitor. Sugeriu visitas em locais públicos na presença da genitora para ambientação da criança.
Estudo social e psicológico	Revisão de alimentos	10 anos	1 genitor 1 madrasta 1 avó paterna 1 avô paterno 1 genitora 1 avó materna 1 criança	Transcrição dos relatos das entrevistas. Não vem cumprindo com o acordo. Descreve o relacionamento conflituoso dos pais e a não aceitação do relacionamento do genitor.	Não há.	Fala do afeto entre as famílias e a criança. Acha possível resolver os conflitos por meio de regulamentação judicial. Advertiu as partes sobre não poder distanciar a criança dos núcleos opostos. Fala do prejuízo emocional e sofrimento da criança. Orienta os pais a não envolver a criança no litígio.

Assunto	Ação	Idade	Entrevistas	Conteúdo	Técnicas psicológicas	Conclusão
Estudo social e psicológico	Guarda e regulamentação de visitas	7 anos	1 genitor 1 genitora 1 criança	Transcrição dos relatos das entrevistas. A criança é adotada. Divergem sobre o término do casamento. A criança participou de forma tranquila na entrevista. Relata os vínculos afetivos.	Não há.	Analisa a relação dos genitores. Advertiu os genitores para manter relação cordial. Sugere convívio frequente do pai com a criança.
Estudo social e psicológico	Guarda	8 anos 6 anos	1 genitor 1 genitora 1 babá 2 crianças	Transcrição dos relatos das entrevistas. Relatos divergentes com relação à separação. Relatos de suspeita de uso de drogas por parte materna e de medicação psiquiátrica. As crianças ficaram um tempo morando com a madrinha. Relatam o vínculo de família com a babá.	Não há.	Sugere advertência para os genitores não conflitarem na frente das crianças. Continuidade ao tratamento da mãe. Sugere ao genitor criar uma rotina que envolva mais as crianças e menos a babá. Relata que a mãe quer a guarda compartilhada, mas o pai não.

Assunto	Ação	Idade	Entrevistas	Conteúdo	Técnicas psicológicas	Conclusão
Estudo psicológico	Guarda	7 anos	1 guardiã 1 genitor 1 criança	Transcrição dos relatos das entrevistas. Não conseguiu contato com a genitora. A genitora não aceitava a gravidez. O genitor não possui vínculos, ajudando apenas financeiramente. Nenhum genitor manifestou vontade de obter a guarda da criança. O intuito do processo é regularizar a guarda com a guardiã.	Não há.	Atentou para o fato de o genitor morar ao lado da casa da guardiã, em que o filho reside, e ainda assim não criou vínculos afetivos com a criança. Ao encontrar falas prontas na criança, sugeriu advertir a guardiã sobre tais influências para resguardar a saúde psíquica da criança.
Estudo social e psicológico	Fixação de alimentos	10 anos	1 genitor 1 genitora 1 tio paterno 1 tia materna 1 criança	Transcrição dos relatos das entrevistas. Descreve histórico familiar. Genitor começou a fazer uso excessivo de bebida alcoólica chegando a ter que se internar.	Não há.	Percebe satisfação na criança em conviver com os pais.

Assunto	Ação	Idade	Entrevistas	Conteúdo	Técnicas psicológicas	Conclusão
				Relata sobre os vínculos parentais.		
				Orientação para não beber mais. O genitor após acompanhamento faz uso de medicação controlada para ansiedade e alteração de humor.		
Estudo social e psicológico	Modificação de cláusula de visitação	8 anos	1 genitor 1 madrasta 1 genitora 1 padrasto 1 criança	Transcrição dos relatos das entrevistas. Relacionamento conflituoso das partes, porém visitação regular à criança. Para a genitora, criança reclamou de maus-tratos no lar paterno, suspendendo a visitação. Descreve cuidados familiares bons, como também bons vínculos afetivos com ambos os pais. Exposição da criança aos conflitos.	Não há.	Relata não perceber acordo entre as partes. Orientou a não manter conflitos na frente da criança. O padrasto se propôs a levar a criança ao encontro do pai. A genitora não se opõe ao vínculo, porém não quer apenas com a madrasta.

Assunto	Ação	Idade	Entrevistas	Conteúdo	Técnicas psicológicas	Conclusão
Estudo social e psicológico	Guarda	13 anos	1 genitor 1 madrasta 1 avó paterna 1 bisavó paterna 1 genitora 1 padrasto 1 adolescente	Transcrição dos relatos das entrevistas. A adolescente morou com a genitora um tempo, após com o genitor e retornou à casa materna. Desentendimentos com o padrasto. Após o genitor entrar com a ação para a filha morar com ele. No decorrer todos mudaram de ideia, inclusive a criança.	Não há.	Fala dos vínculos positivos com os dois núcleos, porém ficou abalado após a desistência. A relação dos genitores era positiva até a decisão da adolescente e ficou pior conforme o posicionamento desta mudou. Orientou a adolescente acerca de suas indecisões. Indicou guarda compartilhada, já que a convivência dos pais é boa.
Estudo social e psicológico	Guarda	4 anos	1 genitor 1 genitora 1 padrasto 1 avó paterna 1 mãe do padrasto 1 criança	Transcrição dos relatos das entrevistas. Diferença enorme de idade entre os genitores, após a separação a criança ficou com a mãe, porém sem emprego deixou a criança com o pai até conseguir um emprego. As partes não estavam cumprindo acordo. Observou os laços e a constante insistência da mãe por substituir o pai.	Não há.	Percebeu a conduta do genitor e da avó paterna no cuidado da criança. Relata dificuldades na relação dos genitores e divergências nos relatos. Percebe a fala da mãe contra o pai para a criança. Advertiu as partes para os conflitos na frente da criança. Sugeriu mediação e guarda compartilhada.

Assunto	Ação	Idade	Entrevistas	Conteúdo	Técnicas psicológicas	Conclusão
Estudo social e psicológico	Alimentos e guarda	10 anos	1 genitor 1 avó paterna 1 genitora 1 criança	Transcrição dos relatos das entrevistas. Acordo cumprido pelos dois primeiros anos. Brigas com os genitores e seus respectivos parceiros.	Não há.	Percebe a criança como esperta e com boa comunicação. Percebeu que a criança não se sente incluída no lar paterno, exceto com a avó paterna.
Estudo psicológico	Alimentos e visita	3 anos	1 genitor 1 madrasta 1 avó paterna 1 genitora 1 avó materna 1 irmã 1 criança	Transcrição dos relatos das entrevistas. Questões dos genitores referentes à finalização do laço amoroso. A avó materna desempenha função fundamental para a criança.	Não há.	Percebe as relações em torno da criança como conflituosas. Sugeriu advertência aos genitores. Percebe os vínculos afetivos entre ambas as partes. Percebeu ambiente desfavorável em relação à educação e ao desenvolvimento, levantando a solicitação de trabalho com o restante da família. Sugeriu também acompanhamento pelo Conselho Tutelar.

Assunto	Ação	Idade	Entrevistas	Conteúdo	Técnicas psicológicas	Conclusão
Estudo social e psicológico	Regulamentação de visitas	11 anos 9 anos	1 genitora 1 avó materna 1 genitor 2 crianças	Transcrição dos relatos das entrevistas. Gravidez não desejada, mãe adolescente. Possuem guarda compartilhada. Relatos divergentes entre os genitores. Percebeu influência da genitora nas falas das crianças.	Não há.	As crianças convivem de forma regular com ambos os pais. Percebeu que a genitora desqualifica o genitor na presença das crianças. Temperamento explosivo dos genitores. Sugere advertência às partes, como também psicoterapia para o filho maior.
Estudo social e psicológico	Guarda	14 anos	1 genitor 1 genitora 1 avó paterna 1 adolescente	Transcrição dos relatos das entrevistas. O genitor não aceitava que o filho tivesse transtorno. Possui uma grande dificuldade de comunicação com a genitora. Avó paterna é muito participativa. Avalia os laços afetivos do adolescente com os núcleos.	Não há.	Percebeu desentendimentos entre os genitores. Relatou a deficiência do adolescente. O adolescente demonstrou satisfação com a rotina de livre acesso às duas residências.

Assunto	Ação	Idade	Entrevistas	Conteúdo	Técnicas psicológicas	Conclusão
Estudo social e psicológico	Fixação de alimentos	9 anos 5 anos	1 genitor 1 madrasta 1 genitora 2 crianças	Transcrição dos relatos das entrevistas. Relato divergente do genitor percebido pela psicóloga. Não cumprimento do acordo anterior. Orientou o genitor sobre a importância da visita.	Não há.	Não foi possível observar falta de interesse do genitor apesar de a genitora relatar isso. Observou aproximação após ter dado entrada ao processo. Não foi possível perceber se a genitora dificulta a aproximação. Advertiu a genitora com relação a desqualificar o genitor para as crianças. Sugeriu mais aproximação entre o genitor e as crianças.
Estudo social e psicológico	Visitas	6 anos	1 genitora 1 tia materna 1 avó paterna 1 criança	Transcrição dos relatos das entrevistas. Genitores não cooperam. Vínculos desgastados com a avó paterna levam a um rompimento. Genitor se mudou e a avó paterna que cumpre função.	Não há.	Segundo relatos, possui vínculos com o genitor e a família extensa. Orientou os genitores a manter os conflitos longe da criança. O contato com o genitor foi pelo telefone, mas percebe no relato carinho pela filha.

Assunto	Ação	Idade	Entrevistas	Conteúdo	Técnicas psicológicas	Conclusão
Estudo psicológico	Guarda	6 anos 4 anos	1 genitor 1 genitora 1 avó paterna 1 avô materno 2 crianças	Transcrição dos relatos das entrevistas. Fizeram acordo de guarda compartilhada. Desentendimento dos genitores e conflitos pessoais. As crianças têm boa convivência com os avós.	Não há.	Avaliam que os genitores desempenham bem as funções de pais. Demonstrou vínculo afetivo e contentamento. A genitora possui grande sofrimento emocional após a separação. Sugeriu que a genitora retorne com seus tratamentos psicológicos. Sugeriu manter a guarda compartilhada.
Estudo social e psicológico	Guarda	3 anos	1 genitora 1 genitor 1 bisavó materna 1 avó paterna	Transcrição dos relatos das entrevistas. Genitores adolescentes. Bisavó assumiu os cuidados, uma vez que não achava a bisneta competente para tal. Percebe que a adolescente não se vinculou ao filho para considerá-lo como tal.	Não há.	Percebeu que os genitores têm convívio com o filho e participam da vida familiar dele. Para a genitora ser incluída na guarda compartilhada das avós, precisaria passar gradualmente por um processo de responsabilização.

Assunto	Ação	Idade	Entrevistas	Conteúdo	Técnicas psicológicas	Conclusão
Estudo social e psicológico	Visitas	7 anos	1 genitor 1 genitora 1 avó paterna 1 avô paterno 1 criança	Transcrição dos relatos das entrevistas. Apesar da separação, a família paterna procura manter contato com a criança. Acordo sendo cumprido.	Não há.	Convívio ideal para pais separados. Reconhece os dois núcleos como casa. Não se opôs ao pedido de guarda compartilhada feito pelo genitor.
Estudo social e psicológico	Guarda	9 anos	1 irmão paterno 1 cunhada 1 avó paterna 1 criança	Transcrição dos relatos das entrevistas. Genitor preso, genitora mora em outra cidade. Relacionamento extraconjugal. A genitora agredia a criança. Relata consequências no desenvolvimento da criança.	Não há.	Percebeu traumas devido ao período que passou com a genitora. Lar do irmão preocupado com a criança. Sugeriu ver com a criança se o contato com os pais é da vontade dela ou não.
Estudo psicológico	Guarda	4 anos	1 genitora 1 padrasto 1 tia materna 1 genitor 1 madrasta 1 criança	Transcrição dos relatos das entrevistas. Genitores conflituosos e relatos divergentes. Fizeram acordo anterior ao processo. Tinham a guarda compartilhada até o presente processo.	Não há.	Observa que a criança lida bem com a alternância de lares. Adverte as partes sobre distanciar a criança do outro genitor para não gerar prejuízo ou risco à criança.

Assunto	Ação	Idade	Entrevistas	Conteúdo	Técnicas psicológicas	Conclusão
Estudo social e psicológico	Guarda e visitação	6 anos	1 genitor 1 genitora 1 madrasta 1 tia paterna 1 criança	Transcrição dos relatos das entrevistas. A criança foi adotada pelos genitores. Após o término, os relatos começaram a divergir. A guarda é compartilhada até o presente processo. A criança se manifestou de forma alegre na entrevista.	Não há.	Vinculação afetiva com os genitores. Avaliou alguns comportamentos como disfuncionais. Advertiu sobre não influenciar a criança nem a envolver nas discussões.
Estudo social e psicológico	Guarda e visitação	13 anos 11 anos 7 anos 4 anos	1 genitor 1 avó paterna 1 genitora 1 avó materna 1 adolescente 3 crianças	Transcrição dos relatos das entrevistas. Após infidelidade do marido, ocorreu a separação; depois da separação, a convivência foi ficando difícil, pois a genitora achava estar com depressão e o genitor não aceitava dizendo ser descaso com os filhos. As crianças não estavam querendo ir para a companhia da mãe.	Não há.	Vínculos das crianças com o genitor aumentaram em decorrência das dificuldades da genitora. Genitor expõe às crianças as suas falas que desqualificam a genitora. Não identificou impedimento na visitação da genitora. Propôs um acordo de visitação para a genitora.

Assunto	Ação	Idade	Entrevistas	Conteúdo	Técnicas psicológicas	Conclusão
Estudo social e psicológico	Alimentos	3 anos	1 genitor 1 madrasta 1 avó paterna 1 avô paterno 1 genitora 1 avó materna 1 avô materno 1 criança	Transcrição dos relatos das entrevistas. Discordância na fala dos genitores. Acordo anterior de visitação. Sofrimento da família paterna por estarem distantes da criança.	Não há.	Após o nascimento da criança, a genitora teria afastado a criança do genitor e sua família, levando ao término. Genitor aparenta calma e evita conflito com a genitora. Não identificou impedimento para a visitação do genitor. Percepção protecionista da genitora é preocupante. Advertiu genitora e progenitora sobre práticas de alienação. Sugeriu psicoterapia para a genitora.

Assunto	Ação	Idade	Entrevistas	Conteúdo	Técnicas psicológicas	Conclusão
Estudo psicológico	Guarda, visitação e alimentos	4 anos	1 genitor 1 madrasta 1 avó paterna 1 genitora 1 avó materna 1 avô materno 1 criança	Transcrição dos relatos das entrevistas. Tinham acordo de divórcio. Relacionamento conflituoso com agressões mútuas. Contato com o genitor e a criança juntos. Expressou carinho com o genitor.	Não há.	Avaliou que o contato com o genitor e sua família está prejudicado. Percebida resistência da genitora e seus progenitores de permitir o convívio do genitor e família com a criança. A criança tem interesse em ter contato com o genitor. Avaliou de forma favorável a aproximação gradual do genitor com a criança. Advertiu genitora e familiares maternos para não influenciar a criança contra o genitor e familiares paternos

Fonte: a autora

6

TOMADA DE DECISÃO DE JUÍZES

Segundo Kruger (2018), historicamente, a psicologia cognitiva e a psicologia social formam os dois fundamentos científicos da cognição social. O desdobramento teórico da psicologia cognitiva nos dá permissão para reconhecer, explicar, descrever e correlacionar processos e conteúdos cognitivos, que são vinculados às motivações, à afetividade, à aprendizagem, ao comportamento, às condutas e até à tomada de decisão. Observa-se que as diferenças na conduta são particulares, demandando uma maior consciência e intenção na realização da ação, características que não estão muito bem desenvolvidas, como, por exemplo, os hábitos (KRUGER, 2018).

Segundo Garrido, Azevedo e Palma (2011), a cognição social é uma abordagem relativamente recente na vasta tradição teórica da psicologia social, revitalizada pela incorporação de ideias e metodologias da psicologia cognitiva. Ela trouxe diversas e valiosas contribuições às clássicas questões da psicologia social. Nesse cenário, diversos desdobramentos teóricos, inicialmente, compartilham o pressuposto de que para compreender e explicar o comportamento social vale ressaltar as estruturas como sendo os processos cognitivos que cercam a relação entre um estímulo externo e as respostas dos comportamentos observáveis.

Os conceitos teóricos e técnicos de pesquisa nascidos da psicologia cognitiva são trazidos para a realização da pesquisa em cognição social. Tais conceitos são interpretados por meio de relações interpessoais, que integram a pesquisa em psicologia social. Contudo, a abordagem ultrapassa esse ramo da psicologia e entende que a cognição social é um modo específico de observar o que acontece com as pessoas a partir do desenvolvimento psicológico, da formação da personalidade e da forma única como cada um se insere na sociedade. Conclui-se que a cognição social é tanto um tema da psicologia social como também uma outra forma de investigar psicologicamente a experiência humana em diversos contextos (KRUGER, 2018).

O estudo da cognição humana, de forma geral, o da cognição social, em particular, têm adquirido uma abordagem mais microscópica, individual e simbólica do termo cognição, na tentativa de destacar os comportamentos mais básicos para compreender os processos cognitivos mais complexos. Em contrapartida, algumas abordagens mais recentes alegam que o fluxo entre mente e mundo é tão concentrado e ininterrupto, que estudar a natureza da atividade cognitiva não estabelece, intrinsecamente, uma unidade possível de análise com significado (GARRIDO; AZEVEDO; PALMA, 2011).

Sendo assim, o estudo da cognição necessita de uma amplificação, uma análise macroscópica, de modo que os processos cognitivos em desenvolvimento disponham de uma natureza distinta dos processos cognitivos mais elementares ou combinados que, supostamente, lhes dão origem. Portanto, a cognição pode ser percebida como um acontecimento do encontro das interações do indivíduo com o meio concreto e social em que ele está inserido, o que pode diminuir ou expandir seus processos cognitivos (GARRIDO; AZEVEDO; PALMA, 2011).

A cognição social, em sua base teórica, possui dois pressupostos: i) o da semelhança, que enseja a compreensão de que todos os seres humanos apresentam similitudes em seus processos psicológicos e cognitivos; e ii) o da competência, que promove o entendimento de que os seres humanos possuem condições de inferir o que se passa na consciência e nas demais condições psicológicas observadas, com mais ou menos capacidade de acordo com suas características. A cognição social acontece quando nos encontramos com outras pessoas, observando padrões culturais e normas sociais. Cabe uma observação com relação à percepção. Esta desempenha uma função muito importante: é por meio dela que mantemos contato com a realidade e também com a cultura e com tudo o mais que regula e coordena as atividades individuais e coletivas em uma sociedade (KRUGER, 2018).

A interação dos pensamentos das pessoas se baseia na informação dada de forma intermitente por meio da percepção e por conteúdos simbólicos, imagéticos e emocionais, advindos da memória. A combinação desses elementos cognitivos compõe as representações mentais que se formam e se transformam, de acordo com as informações processadas, repercutindo em interesses e estados emocionais daqueles que estão em contato e, consequentemente, em sua orientação no processo da interação, chegando, enfim, nas tomadas de decisões, que adquirem sentido a partir dos objetivos que se pretende atingir (KRUGER, 2018).

O ser humano se encontra recorrentemente em situações que exigem tomadas de decisões e escolhas. Elas possuem grande ou pequeno impacto em suas vidas, porém o processo de decidir por algo vai mais além do que calcular variáveis e indicar os prós e os contras daquela decisão. As escolhas não se dão de forma individual, a interação social possui importante papel, já que o outro faz parte desse contexto social que se torna altamente complexo, uma vez que avaliamos a tomada de decisão de acordo com o que é socialmente permitido e com as vantagens oriundas da escolha. Há momentos em que é fundamental decidir levando em conta a contribuição que o outro pode fornecer e, muitas vezes, as decisões procedem da decisão simultânea com os outros. Nesse contexto de interações sociais, muitas das decisões mais importantes são tomadas levando a determinar que as decisões sociais não somente afetam o próprio indivíduo como também têm o poder de afetar o outro (MECCA; DIAS; BERBERIAN, 2016).

Cotidianamente, o ser humano experimenta em seus relacionamentos, tanto intrapessoais quanto interpessoais, diversas práticas com base na percepção e na cognição sociais, permitindo atribuir e interpretar crenças, desejos e emoções, em si ou nos outros. Esse mecanismo está sendo chamado de teoria da mente e pode ser definido como a habilidade de inferir ao outro e a si um estado mental proposital. A funcionalidade e o mecanismo dessa habilidade acontecem de modo geral por meio do processamento da informação proveniente do comportamento e também do ambiente, produzindo uma dedução do estado mental do outro. São necessários dois pressupostos mínimos para o processamento dessa habilidade que estão constantemente em interação: i) o cognitivo, responsável pela representação dos estados mentais e ii) o social, que articula o desenvolvimento dessa habilidade ao longo do desenrolar da vida (SPERB; MALUF, 2008).

A função de imputar a uma mente estados mentais intencionalmente tanto para si quanto para os outros exerce papel principal no ajustamento social das pessoas, o que é responsável pelo alargamento das competências de comunicação em grupo. Sendo assim, estudos de intervenção em teoria da mente apresentam-se como fundamentais para a promoção de uma melhor qualidade de vida (SPERB; MALUF, 2008).

No que tange à atribuição de estados mentais, observa-se uma gama de opções em técnicas avaliativas. Contudo, as tarefas de atribuição de estados de falsa crença são as mais comuns e utilizadas na literatura. Em tarefas de falsa crença, um indivíduo é posto em um contexto que demanda, partindo de situações que se opõem em duas representações (de um personagem e do indivíduo), a atribuição de um estado mental diverso do próprio. O conceito de estado mental é compreendido como o estado psicológico/emocional de uma pessoa, e o termo "falsa crença" reflete uma crença errônea que uma pessoa possui acerca de um evento específico. Esses conceitos são instrumentalizados em tarefas de avaliação da teoria da mente (OLIVEIRA; AQUINO, 2009 *apud* OLIVEIRA *et al.*, 2012).

Partindo do pressuposto de que um juiz é um ator social e, como qualquer ser humano, possui o seu sistema de crenças e de valores e todo um leque de experiências de vida, concordamos com Drobak e North (2008) quando defendem que a tomada de decisão judicial não ocorre no "vazio". Ela deriva, antes, da conjugação de diversos fatores como, por exemplo, normas jurídicas, leis constitucionais, ética, política, educação, sociedade e características pessoais do juiz. Sendo assim, essa ideia, conjugada com a especificidade de cada processo, leva a admitir a imprevisibilidade e a diversidade das decisões judiciais.

As decisões judiciais envolvem diferentes profissionais, passando por operadores da lei e profissionais, como assistentes sociais e psicólogos. Apesar de serem proferidas pela figura do juiz, as decisões dependem da participação de outros personagens, como o promotor, que oferece a denúncia, por exemplo. No que se refere ao papel das esferas psicossociais nessas situações, como o serviço social e a psicologia, podemos supor a importância desses estudos para a tomada de decisão pelos operadores da lei. Mesmo a decisão do juiz sendo a última e possuidora do valor de lei, uma decisão clínica é realizada por esses profissionais que avaliam o caso (PELISOLI; GAVA; DELL'AGLIO, 2011).

As pesquisas vêm demonstrando que o julgamento humano sob incerteza não é baseado em probabilidades estatísticas, mas sim em regras heurísticas, o que em tarefas complexas pode levar a erros sistemáticos, que afetam o trabalho de avaliação (DAMMEYER, 1998 *apud* PELISOLI, 2013). As regras heurísticas são compreendidas como aquelas influentes, que contribuem para as tomadas de decisões, reduzindo custo de tempo e de esforços (TONETTO; COLS, 2006). Para tomar uma decisão a partir de uma questão incerta, as pessoas buscam soluções que tendem a satisfazer as suas aspirações.

Os seres humanos apresentam um processamento mental limitado, com vieses de memória e sem domínio da racionalidade. As pessoas têm capacidade limitada para o trabalho mental e utilizam estratégias simplificadas para julgar alternativas: uma dessas estratégias é o uso de heurísticas

(TONETTO; COLS, 2006). As heurísticas da representatividade e da disponibilidade podem ser configuradas como vieses cognitivos, influenciando na tomada de decisão em situações de incerteza, que são características nos casos de abuso sexual contra crianças e adolescentes, por exemplo. A heurística da representatividade pressupõe que o julgamento da probabilidade de um evento incerto é tomado de acordo com o quão similar ou representativo ele é da população da qual se origina e de acordo com o grau no qual ele reflete os aspectos proeminentes do processo pelo qual é gerado (STENBERG, 2000). Uma probabilidade alta de ocorrência é conferida a um evento quando este é típico ou representativo desse tipo de situação. Nos casos de abuso sexual, pode-se pensar que uma história contada de forma que inclua conteúdos já conhecidos por parte dos profissionais da área será mais facilmente considerada como verdadeira. Dessa forma, uma hipótese é a de que quanto mais itens representativos de situações de abuso sexual forem narrados na história, maior caráter de verdade os psicólogos darão a ela. Entre os aspectos representativos dos casos de abuso sexual, destaca-se a presença de algumas características como o gênero feminino, comumente mais vitimizado, famílias reconstituídas, antecedentes criminais do réu, características de negligência e/ou depressão maternas, dinâmica de segredo, barganhas e ameaças. Essa influência é também chamada de pensamento representativo, e pode ser verificada em situações nas quais os clínicos identificam um determinado sintoma e o compreendem como uma evidência de abuso sexual. Um exemplo frequente disso é a associação do comportamento hipersexualizado em crianças com a ocorrência de abuso, embora esse sintoma não possa ser considerado como uma prova definitiva de abuso sexual infantil. Para Finnilã-Tuohimaa *et al.* (2005 *apud* PESOLI, 2013), os profissionais combinam um certo problema com determinadas características e esquecem que é possível um caso apresentar as características, sem, contudo, ter ocorrido o problema.

Outra influência sobre a tomada de decisão é entendida como heurística da disponibilidade, que é utilizada em julgamentos com base em quão facilmente podemos trazer à memória o que percebemos como circunstâncias relevantes de um fenômeno (STENBERG, 2000). A partir dessa perspectiva, profissionais podem exagerar a probabilidade de um fenômeno quando este é encontrado frequentemente ou quando é emocionalmente carregado. Dessa forma, há aqueles clínicos que encontram muitos casos de alegação de abuso sexual e tendem a superestimar a probabilidade do abuso (FINNILÃ-TUOHIMAA *et al.*, 2005 *apud* PELISOLI, 2013).

6.1 PERCURSOS DA PESQUISA

A pesquisa qualitativa não se preocupa com representatividade numérica, e sim com o aprofundamento da compreensão de um grupo social, de uma organização etc. Os pesquisadores que adotam a abordagem qualitativa opõem-se ao pressuposto que defende um modelo único de pesquisa para todas as ciências, já que as ciências sociais têm suas especificidades, o que pressupõe uma metodologia própria (GOLDENBERG, 1997). Os pesquisadores que utilizam os métodos qualitativos buscam explicar o porquê das coisas, exprimindo o que convém ser feito, mas não quantificam os valores e as trocas simbólicas nem se submetem à prova de fatos, pois os dados analisados são não métricos (suscitados e de interação) e se valem de diferentes abordagens. Na pesquisa qualitativa, o cientista é, ao mesmo tempo, o sujeito e o objeto de suas pesquisas. O desenvolvimento da pesquisa é imprevisível. O conhecimento do pesquisador é parcial e limitado. O objetivo da amostra é produzir informações aprofundadas e ilustrativas: seja ela pequena ou grande, o que importa é a sua capacidade de produzir novas informações (DESLAURIERS, 1991).

A pesquisa qualitativa preocupa-se, portanto, com aspectos da realidade que não podem ser quantificados, centrando-se na compreensão e na explicação da dinâmica das relações sociais. Para Minayo (2001), a pesquisa qualitativa trabalha com o universo de significados, motivos, aspirações, crenças, valores e atitudes, o que corresponde a um espaço mais profundo das relações, dos processos e dos fenômenos, que não podem ser reduzidos à operacionalização de variáveis. Aplicada inicialmente em estudos de antropologia e sociologia, como contraponto à pesquisa quantitativa dominante, tem alargado seu campo de atuação a áreas como a psicologia e a educação. A pesquisa qualitativa é criticada por seu empirismo, pela subjetividade e pelo envolvimento emocional do pesquisador (MINAYO, 2001). No entanto, eu entendo que é a melhor abordagem para o estudo em tela, considerando a pequena amostra e a singularidade do objeto investigado: a tomada de decisão. Compreender o papel da avaliação psicológica no processo decisório exige uma investigação qualitativa com delineamento exploratório.

6.1.1 Procedimentos

Agendei as entrevistas no fórum de Itaipava e no do Retiro com os secretários dos juízes e diretamente com os psicólogos, em datas diferentes. Realizei as entrevistas no próprio fórum, de acordo com a lotação dos participantes, no período entre outubro e novembro de 2018. Todos os participantes foram orientados acerca dos procedimentos e objetivos da pesquisa e assinaram o termo de consentimento livre e esclarecido, recebendo cópia deste. As entrevistas foram gravadas em áudio e posteriormente transcritas para análise.

6.1.2 Participantes

A fim de preservar o anonimato, os participantes estão nomeados como Juiz 1, Juiz 2, Juiz 3, Psicólogo 1 e Psicólogo 2. Informações referentes ao tempo de atuação, idade ou titulação foram preservadas para não identificação, considerando o número restrito de participantes. Foram duas juízas e um juiz, dois destes atuam no fórum do Retiro e um no fórum de Itaipava. Um psicólogo atua no fórum do Retiro e o outro em Itaipava, ambos são concursados.

6.2 RESULTADOS E DISCUSSÃO

6.2.1 Tipo de solicitação

Conforme apresentado no capítulo 4, para Costa *et al.* (2009), os estudos psicossociais possuem dois aspectos interessantes: ele se delineia como um estudo que tem uma conotação mais compreensiva e discursiva do que a contida em expressões como perícia ou parecer; o estudo é de ordem psicossocial, não somente da ordem do psicológico ou do psicopatológico, o que traz implícita uma diferença que é o reconhecimento de que as questões a serem mediadas no judiciário possuem uma dimensão social, ampliando ainda mais a intenção de entendimento, que se configura a partir dos conflitos, essência da decisão dos juízes.

As respostas dos juízes e dos psicólogos corroboram a definição de estudo psicossocial proposta pelos autores, destacando a valorização de questões sociais que interferem no fenômeno. São solicitações abrangentes, não específicas, esperando parecer tanto da psicologia quanto do serviço social.

> *Via de regra eu peço um estudo psicossocial, uma avaliação psicológica dos envolvidos e um estudo social, é o que a lei determina, eu não uso só o social ou só psicológico, sempre determino os dois. Normalmente, eles acabam um completando o outro, um detalhe-*

> zinho que você pode não compreender completamente na avaliação psicológica e no estudo social você começa, você entende, acaba completando o outro (Juiz 1, em entrevista).

Uma das entrevistadas atenta, durante a entrevista, para o fato de fazer solicitações genéricas e que poderia fazer solicitações mais específicas:

> É, eu uso uma expressão que é genérica que é o estudo psicossocial e que na verdade assim a rigor não quer dizer grandes coisas, você falando agora está me despertando a vontade de eu fazer algumas, alguns questionamentos específicos para o caso em tela porque eu já me deparei com o caso, então provavelmente eu teria possibilidade de fazer umas perguntas específicas que ajudariam no desenvolvimento desse trabalho, mas 100% dos casos eu peço avaliação psicossocial (Juiz 3).

Uma das questões levantadas por Silva (2006) diz respeito ao fato de que os procedimentos de atuação dos profissionais psicólogos nesses serviços são definidos sem nenhuma participação do Conselho Federal de Psicologia ou dos Conselhos Regionais de Psicologia, fazendo com que prevaleça uma perspectiva clássica do seu trabalho e dificulte a delimitação do seu espaço na interface com o direito.

Mesmo que tenha sido produzido um documento interno do Tribunal de Justiça do Distrito Federal e Territórios que instituiu a Secretaria Geral dos Serviços Psicossociais, especificando que a melhor atuação do psicólogo é assessorar os magistrados das varas de família realizando estudos psicossociais referentes aos processos encaminhados e fornecendo informações, análises e pareceres que possam subsidiar a decisão judicial, o Conselho Federal de Psicologia, na Resolução n.º 6/2019, que trata dos documentos produzidos por psicólogos, não traz nenhuma especificação sobre como se realiza um estudo psicossocial nem como este constitui-se em elementos, diferente dos demais modelos de avaliação, que têm definição específica de procedimentos e elaboração de documentos.

Os psicólogos afirmam que a solicitação é de estudo psicossocial e que este é realizado em perspectiva interdisciplinar com o assistente social, como explicado no relato do psicólogo:

> A gente fala aqui estudo, agora a gente teve a nova resolução do CFP, que criou essa questão do relatório e do laudo psicológico, né. O trabalho aqui hoje pensando nas limitações temporais de prazos, um relatório nas determinações dos juízes geralmente são de que seja realizado um estudo psicológico ou psicossocial, então

> *a nomenclatura que vem é de estudo, só que essa nomenclatura ela encontra um ponto que é como que a psicologia entende e como que o Conselho Federal de Psicologia entende, então a gente aqui faz um relatório* (Psicólogo 2).

6.2.2 Expectativas com o estudo

Ao se tratar do termo amplo, avaliação psicológica, deve-se, em primeiro lugar, distingui-lo dos instrumentos de avaliação. A avaliação psicológica é uma atividade mais complexa e constitui-se na busca sistemática de conhecimento a respeito do funcionamento psicológico das pessoas, de tal forma que possa orientar ações e decisões futuras. Esse conhecimento é sempre gerado em situações que envolvem questões e problemas específicos (PRIMI, 2010).

> *O estudo faz esse aprofundamento da história, muitas vezes houve pessoas que o juiz não teve contato, que vem o pai e a mãe, mas às vezes uma avó é muito importante, o tio, a empregada, um irmão, a história da vida daquelas pessoas ela se mostra completa na medida que você realiza o estudo social ou uma avaliação psicológica. Até porque a abrangência, o estudo é muito mais amplo do que as próprias pessoas que são os atores do processo* (Juiz 1).

> *Às vezes **praticamente resolve o processo**, porque ele conversa com as partes e quando o processo é muito complicado ele faz umas avaliações periódicas, a gente manda mais de uma vez para o setor de psicologia, então ele tem um primeiro contato com as partes, conversas, se tiver criança ele conversa com a criança, conversa com o pai, conversa com a mãe, de uma forma abrangente conversa com o núcleo da família que participa daquela relação de uma forma mais próxima, então se tiver um avô que more perto, um tio, padrasto, madrasta ele conversa também* (Juiz 2).

O Juiz 3 foi mais sucinto e objetivo com relação ao que espera de um relatório, apenas espera o esclarecimento de dúvidas, relatando o seguinte:

> *[...] justamente isso, que me diga que posso sanar minha dúvida com relação àquele caso específico no que tange a um problema que envolve caso, então aí eu espero que o profissional leia o processo e debata com as partes o que está acontecendo* (Juiz 3).

As respostas dos juízes 1 e 2 nos mostram que possuem a mesma expectativa em relação ao estudo, ou seja, esperam um aprofundamento da história de vida dos envolvidos com as crianças e adolescentes que estão em disputa de guarda, como também a existência de mais encontros como devolutivas ou acompanhamentos. O relato de que o estudo deve incluir outros vínculos relacionais ou afetivos, aprofundar a história de vida dos envolvidos, evidencia a expectativa de que o estudo traga elementos para a decisão judicial que não estão no processo. Não foram mencionadas expectativas com conclusões ou indicações de quem realiza o estudo para a tomada de decisão, mas sim de elementos que completem as informações já contidas.

Segundo Cesca (2004), os atendimentos psicológicos que subsidiam os estudos psicossociais podem incluir entrevistas, jogos lúdicos com as crianças e observações realizadas nas residências das famílias, dependendo da complexidade de cada caso. Os jogos relacionais familiares têm um tempo para se desenvolverem e esse tempo não é cronológico, mas lógico e particular para cada família, o que pode se tornar um entrave para pensar em intervenções padronizadas, feitas em um tempo fixo. Porém, em função do excesso de demanda, os estudos são concluídos em um número padrão de encontros da equipe com as famílias, o que gera, muitas vezes, angústia nos profissionais quando pressentem que as intervenções podem não ter se constituído como minimamente terapêuticas.

> *Eu acho que o nosso relatório ele tanto contextualiza, né, o juiz, os defensores e a promotoria da dinâmica familiar, né, quanto pode ter uma conclusão que seja, um parecer para solucionar, aquela situação de litígio. São os dois principais focos, né, tentar mostrar como é a dinâmica ali familiar, das relações familiares, das relações parentais e apontar dentro da nossa possibilidade de encaminhamento para o caso (Psicólogo 1).*

6.2.3 Contribuições da psicologia no judiciário

As audiências não incluem, obrigatoriamente, a presença de um profissional da psicologia. No entanto, o Juiz 1 decidiu inserir esse profissional, destacando sua predileção por ele em intervenções de mediação de conflitos. Os demais juízes e psicólogos não apontaram essa atuação.

Sobre o trabalho da psicologia no judiciário, os juízes afirmam que:

> *O estudo dele já começa em audiências em muitas das vezes, em como as pessoas se comportavam, o que elas falavam, ele já entendia o início da controvérsia em audiência, que é um ato que em princípio o juiz é quem preside, mas a legislação não veta a presença de um*

psicólogo para poder mediar. Eu entendo a atuação do psicólogo, eu acho assim, acho que é um profissional que hoje na vara de família imprescindível, para a vara de família nesse contexto, o psicólogo traz para o processo informações que são cruciais, fundamentais para uma melhor decisão, eu acho que o psicólogo, na minha visão é de uma interdisciplinaridade entendeu, é a conjugação do direito com a psicologia (Juiz 1).

Com relação à atuação, é, além da avaliação como eu te falei, ele faz muitas vezes a aproximação do filho com o genitor que está afastado, então não é só uma avaliação, ele promove encontros, mais de um, mais de uma conversa, por uma solicitação minha, às vezes ele mesmo fala, às vezes eu não vi isso aqui, mas ele me encaminha sugestões de visita, me encaminha sugestões de condutas, me encaminha sugestões das partes, "olha, vocês precisam fazer um acompanhamento psicológico", os pais, né, "vocês precisam fazer, porque do jeito que tá não está caminhando bem" (Juiz 2).

Mas, nossa, 100%, né, eu preciso muito do auxílio de vocês, deve haver uma interação, deve haver uma parceria entre a gente, porque vocês têm uma visão muito apurada, muito especializada, que eu não tenho. O juiz, tadinho, é um ser muito solitário, que precisa decidir coisas muito graves, então sem um psicólogo eu não dou um passo, eu preciso disso para me auxiliar a tomar umas decisões um pouco mais corretas, né, e que acautele mais ainda o interesse do menor. O primeiro para me auxiliar para que eu saiba o que está acontecendo, depois se pudesse haver um acompanhamento, algum tipo de ajuda psicoterapêutica, aí seria o ideal, porque assim a gente muitas vezes detecta que é isso, mas a gente não tem meios de auxiliar porque nada como uma boa terapia (Juiz 3).

Entendendo que a contribuição da psicologia não se restringe à psicoterapia, Costa *et al.* (2009) nos dizem que a contribuição da psicologia é um trabalho de interpretação, de construção de hipóteses em relação a esse material simbólico, narrativo e dialógico que se estrutura no interior das famílias.

O cuidado para não transformar o processo de avaliação forense em um contexto psicoterapêutico é um desafio para os psicólogos que receberam uma formação acadêmica clínica. Há uma tendência desses profissionais a exercer um papel terapêutico, buscando intervenções que procurem gerar mudanças no periciado. Dessa forma, criam situações de conflito ético, especialmente em relação ao nível de confidencialidade. No que concerne às técnicas utilizadas, a avaliação psicológica no contexto forense não difere, substancialmente, daquelas realizadas no contexto clínico. Contudo, são necessárias algumas adaptações dos procedimentos, a fim de evitar procedimentos antiéticos e de levantar descrédito quanto ao alcance do que é informado (ROVINSKI, 2004).

Cabe observar que a psicologia jurídica é uma especialidade da psicologia reconhecida pelo Conselho Federal de Psicologia, que recomenda, na Resolução n.º 7/2001, que os psicólogos devem escolher as técnicas e instrumentos adequados ao que estão se propondo a medir e avaliar, devendo levar em conta as circunstâncias em que o procedimento de avaliação será realizado, os atores envolvidos com seus sentimentos e emoções, lembrando que todos os princípios éticos e técnicos precisam ser resguardados (CFP, 2010b).

Para os psicólogos 1 e 2, sua atuação e contribuição no judiciário se apresenta da seguinte forma:

> De certa maneira, aqui no contexto da constituição da psicologia jurídica não só aqui no tribunal, mas no Brasil como um todo, durante algum tempo a gente teve uma ênfase do trabalho da perícia, e esse trabalho pericial ele é um trabalho que a gente tenta um pouquinho sair, desse papel, ou seja, não só fazendo trabalho pericial, mas tem possibilidade de fazer um trabalho também de reflexão de uma breve intervenção nesse núcleo familiar para que eles saiam muitas vezes do movimento litigioso, então, de certa maneira, ainda existe uma força que nos empurra para o modelo pericial e por outro lado existe uma outra força que nasce muito das reflexões da psicologia de que esse trabalho não seja só pericial, seja um trabalho de compreensão, se possível de psicoeducação, ou, pelo menos, de possibilitar essas partes seja nas intervenções, nas entrevistas, seja por meio do relatório, do laudo, né, que reflitam sobre a realidade e tomem uma postura (Psicólogo 2).

E, pensando em quais contribuições a psicologia pode oferecer, o Psicólogo 1 diz:

> Eu realmente me sinto um "pivozinho", não me sinto jogando muito lá atrás não, sabe, eu acho que eu vejo essa importância, sim, sabe, do meu trabalho, vejo que pode ser uma contribuição, e faço dele para ser uma contribuição, né, para uma decisão judicial, atentando para o melhor interesse da criança (Psicólogo 1).

Já o Psicólogo 2 nos amplia o olhar dizendo que:

> Bom, acho que são muitas, e pensando nos processos judiciais de guarda, a gente tá falando sobre relações, e relações familiares,

> *histórico da família que não só daquela família que vem aqui naquele momento... então entender essas dinâmicas familiares, entender como se constituiu essa relação, como se deu essa gestação, essa gravidez, como se constituiu esse ser pai e esse ser mãe em determinado momento dessa relação. E como que foi esse término e como está sendo no momento desse ciclo de vida dessa família, ou quais são os problemas do término, tudo isso são questões que não estão só no campo do direito, mas que falam desse complexo mundo de gerações, das emoções, das crenças e que nós podemos identificar um pouquinho embora não tenhamos tanta possibilidade de uma intervenção no sentido clínico, sentido psicoterapêutico, a gente tem como tentar entender para, apresentando isso para operador de direito, ajudá-lo a pensar em caminhos que possam ajudar essa família* (Psicólogo 2).

O trabalho terapêutico a ser construído pauta-se na mudança do paradigma de culpabilização dessas famílias para um de responsabilização perante a criança. Sob essa ótica, as intervenções são feitas para que o casal se recoloque diante da decisão judicial e perceba que não existem partes que perdem seus direitos, mas que ambas as partes vão continuar operando para o bem-estar dos filhos (COSTA et al., 2009).

6.2.4 Definição de relatório psicológico

Os juízes 1 e 3 disseram que o relatório precisa trazer consigo uma decisão, uma definição que indique para o juízo o que é melhor naquele momento, por meio do que foi absorvido nas entrevistas com os atores do processo.

> *Relatório, o que eu entendo, bem, são as informações que o psicólogo conseguiu absorver nos seus encontros, nas suas análises e ele reporta isso ao juiz, é lógico que ele tem acesso ao processo, ele entende a controvérsia, entende também o que o juiz tem que decidir, então no caso de uma guarda ele tem que definir, tem que indicar pro juiz o que é melhor para o menor, indica que são as partes que devem se submeter a um tratamento psicológico, o nível de beligerância e a ausência de comprometimento com menor para o comprometimento com o filho muitas vezes* (Juiz 1).

Já o Juiz 2 entende que o relatório precisa ser técnico, que necessita de respaldo para fazer qualquer tipo de afirmação no sentido de orientar a melhor decisão.

> *De uma forma genérica, tem que ser cuidadoso, não pode ser um achismo, e a minha conclusão é um achismo, "eu acho que esse pai tá com ciúme do novo namorado da mãe", aí é só uma opinião minha, que eu não posso levar esse processo, então o psicólogo ele precisa ter uma análise profissional, uma análise técnica, eu não sei quais as cadeiras que vocês têm na faculdade, mas eu sei que vocês têm disciplinas que se preparam pra chegar a uma conclusão que não se baseia em uma mera opinião, são palavras, são pensamentos, são posturas, que alguém pratica e visualiza que aquilo é um inconformismo porque o relacionamento terminou, que há algum distúrbio mesmo, então o que eu preciso basicamente é que não seja superficial, que alcance a maior parte de parentes daquele núcleo, e que seja uma análise que não se baseie numa opinião ordinária do profissional, tem que ser uma opinião técnica, preciso do técnico, porque achar todo mundo aqui acha, aqui eu preciso do profissional (Juiz 2).*

Para Primi (2010), o que se pode notar é que há uma relação estreita entre os instrumentos e a pesquisa científica, uma vez que os estudos empíricos fazem uso dos instrumentos para observar determinados construtos no percurso de validar determinadas explicações sobre o comportamento humano. Com relação à especialização, em avaliação psicológica, percebe-se também que, se por um lado houve um aumento importante da área nos programas de pós-graduação, por outro, em números absolutos, essa representação é ainda pequena.

O respaldo técnico é garantido pela exigência de fundamentação teórica e especificação de procedimentos da avaliação determinados na resolução do Conselho Federal de Psicologia que trata da produção de documentos psicológicos (Resolução n.º 6/2019). Há uma controvérsia importante a ser registrada. O Juiz 3 faz uma crítica aos relatórios entendendo que há um excesso de informações irrelevantes:

> *Pois é, seria uma descrição do caso concreto me relatando a relação da criancinha, com o pai, com a mãe, com os avós, a relação da criança com cada um, e o que que é melhor para a criança, eu peço o estudo psicossocial, em geral com criancinhas, e a relação conflituosa com pai e mãe, então preciso saber qual é o melhor pra criancinha, qual dos lares vai ser mais saudável para criança, e quem está tumultuando mais isso, então eu espero que o relatório me traga subsídios para que me mostre quem que tá destruindo mais a relação. Quem tiver a guarda da criança, como é que essa pessoa tá desenvolvendo essa guarda, o que que ela tá levando pra cabeça dessa criança e como é que a criança está digerindo isso tudo, que é o que me interessa ver efetivamente (Juiz 3).*

Talvez seja importante pensar uma forma de apresentar o respaldo teórico e técnico que garantam a cientificidade do documento produzido com menor detalhamento ou criar um campo com síntese das informações para o caso de quem receber o documento não deixar de ter acesso às informações importantes por não ler o documento completo entendendo conter ali conteúdos que não são de seu interesse.

Para o Psicólogo 1,

> [...] o relatório, o produto do meu trabalho, que é o estudo, o estudo engloba procedimentos, né, que são entrevistas, visitas domiciliares, na escola, contatos institucionais, com profissionais que talvez atendam aquele núcleo, locais, por exemplo, que prestam algum tipo de assistência àquela família, um CAPS, por exemplo, então o estudo envolve vários procedimentos, né, o principal procedimento em estudo é a entrevista psicológica e a técnica de observação, o relatório onde eu tento contextualizar a dinâmica relações parentais e apontar possíveis desfechos positivos para aquele caso (Psicólogo 1).
>
> Esse relatório é uma tentativa muito sucinta de apresentar as características daquela realidade familiar naquele momento específico de vida e do ciclo vital dessa família. Algumas vezes a gente até percebe que seria possível fazer uma análise mais profunda, mas a gente tem limitações temporais, tem um prazo que ele é pequeno para as complexidades que a gente precisa dar conta. Aqui na minha prática eu acho que é quase impossível você conseguir fazer qualquer coisa, tem que ser uma abordagem com uma pessoa, então geralmente a gente tenta com pai, mãe, filho, família que tá ali em torno, escola, um psicólogo que acompanhe, outros órgãos que possam acompanhar, conselho tutelar, CRAS, CREAS, aí a gente tenta juntar todas as informações para ele ter um retrato e disso vai surgir esse documento que é um relatório psicológico, que é um documento particular sucinto de uma realidade, que é diferente já do laudo, embora que a gente use instrumentos como uma entrevista psicológica que poderiam estar dentro de um contexto de avaliação. Mas isso é uma coisa que está sendo construída também, é bem nova então essa diferenciação entre relatório e laudo ainda tá sendo melhor digerida pela gente (Psicólogo 2).

Ainda dando margem a esta questão, da relação entre formação profissional e uso de instrumentos, parece claro que a formação de um psicólogo em cinco anos de universidade não é suficiente para aprimorá-lo em todas as áreas de conhecimento, embora devesse sê-lo, ficando evidente a necessidade de que o recém-formado continue os estudos na área após a graduação (NORONHA, 2002).

A avaliação psicológica é um processo constituído por diferentes técnicas e instrumentos psicológicos e, com as técnicas de entrevistas e protocolos de registro de observação, os testes psicológicos são fontes fundamentais de dados para a avaliação.

É necessária a compreensão do processo de avaliação, exigindo competência clínica para a observação, no método da entrevista, na eficiência de conhecimentos em psicopatologia, psicodinâmica, teorias do desenvolvimento, assim por diante. Visando ao objetivo da avaliação que seria descrever, por meio das técnicas ratificadas e de uma terminologia apropriada, o entendimento mais adequado dos fatores relevantes de uma pessoa. É preciso reconhecer que a informação que se presta ao processo de avaliação psicológica é obtida no contexto relacional ou social e será sensível a esse contexto. Deve-se considerar a ideia de que novas informações podem modificar ou complementar a avaliação, o que salienta a responsabilidade do psicólogo em buscar os melhores meios para levantar informações relevantes.

6.2.5 Quando e como deve ser solicitada a avaliação psicológica: quesitos

Os quesitos são perguntas pertinentes à perícia e que versam sobre pontos a serem esclarecidos. Tais quesitos podem ser formulados até o ato da diligência, consequentemente não podem ser propostos durante sua realização. Cabe o pedido de quesitos em qualquer espécie de perícia e compete ao juiz indeferir quesitos impertinentes e formular os que entender necessários ao esclarecimento da causa. Tanto o Juiz 1 quanto o Juiz 2 solicitam, na maioria dos casos, o estudo psicológico.

> *Eu te diria que sempre que é necessário, e vou lhe falar que 90% dos casos sempre é necessário, acho que é uma prova hoje imprescindível a qualquer avaliação que se discuta a guarda. Eu não tenho assim um padrão não, sabe, eu acho que cada caso é um caso e isso vai muito do psicólogo, aqui eu nunca precisei dizer, a não ser que eu queria que ele me responda especificamente a uma determinada situação até porque os laudos psicológicos eles têm assim uma formatação, uma base muito parecida ao conteúdo da entrevista, o desenvolvimento, as respostas que fundamentam a conclusão do psicólogo* (Juiz 1).
>
> *Não solicito em todos, eu não vou dizer 100%, pode ser que tenha algum que me fugiu da memória, mas de 99% são processos de*

> *disputa de guarda, visita, sempre com criança. Só aqueles que estão com um problema mais profundo, mas quando tem uma questão, mais enraizada que é independente da vontade da pessoa, que tem coisas que a pessoa até quer cumprir, mas tem alguma coisa mais profunda dentro dela que não deixa e aí você vê que realmente tem que conversar com outra pessoa, não é só uma ordem que vai resolver, sabe, eles vão descumprir a ordem, mesmo que seja ordem de juiz e com todas as consequências mais profundas vão descumprir. Não, não uso quesitos e não defiro que a parte traga quesitos, porque não é uma prova técnica, ele não é perícia, é uma ferramenta de auxílio, mas tem a possibilidade de ter perícia também, poderia ter, mas a princípio não, a gente nomeou perito aqui acho que em 2 processos, 2 ou 3 específicos, nesses anos todos que eu tô aqui como titular, e aí tem a quesitação, a quesitação do juízo, a quesitação das partes, quesitação do Ministério Público, o perito faz um trabalho um pouco mais longo do que o do psicólogo do juízo, que é o oficial, que é mais longo, que precisa corresponder a todos os quesitos, ele não faz uma prova pericial* (Juiz 2).

Para o Juiz 2, o psicólogo que faz parte da equipe técnica das varas de família no fórum, não é considerado perito, é um psicólogo que auxilia no esclarecimento de dúvidas referentes ao processo, mas não faz um trabalho longo como o de um perito. Segundo a Resolução n.º 8/2010, "quando a prova do fato depender de conhecimento técnico ou científico, o juiz será assistido por perito, por ele nomeado".

> *Não, eu devo pedir estudo para uns 30% dos casos, é quando envolve muita discussão entre pai e mãe, via regra, e que envolva menor de idade e que haja disputa de guarda. Já imaginando que quem vai fazer o trabalho saiba o que eu quero, o que às vezes não acontece, aí já é uma penitência, se eu pudesse já descrever, olha, no caso "a criancinha está apresentando problemas de adaptação na visitação do pai", já ajuda no caminho que o psicólogo vai percorrer, e pra mim seria facílimo porque eu já tive contato com o processo, com os genitores, com os envolvidos, com os personagens, o processo e com a criancinha, pra eu mandar para um estudo, em geral eu já compulsei tudo e eu tô perdido, porque eu não tenho a capacidade, a formação psicológica. Infelizmente não faço quesitação, ainda não tive essa postura que eu acho que seria bem bacana, bem suficiente e nem precisa ser uma quesitação longa, porque como eu já tive acesso aos autos e já conversei com as partes, eu que faço as audiências e o diálogo com as partes então eu sei o que ocorre, sei qual é o problema, mas lá eu poderia fazer quesitos atingindo o ponto base, e eu poderia fazer, eu acho que eu vou começar a fazer* (Juiz 3).

O Juiz 3 também solicita o estudo psicossocial, mas apenas em casos de disputa de guarda, quando o conflito está acirrado, e ainda não faz uso dos quesitos, porém, ao refletir durante a entrevista, se interessou e acabou por concluir que conduzindo o processo e ao solicitar o estudo gostaria de fazê-lo para obter um melhor resultado.

Para os psicólogos, quem geralmente faz a solicitação são os juízes, mas poderia ser feita por outros atores, como nos mostra o Psicólogo 1:

> *Não sei, assim se tivesse que dar uma estatística talvez 7 para 3 assim, talvez promotoria e defensoria e advogados, né, defensores em geral público e particular, talvez uns 3 e juiz 7 assim, eu acho que é mais do juiz mesmo (Psicólogo 1).*

Com relação aos quesitos, os psicólogos mantêm uma concordância de que não são produtivos aos estudos, justificando assim:

> *Não costuma ter, já recebi a quesitação sim, mas não é de praxe, assim incomum receber. Eu acho que a quesitação contribui mais para elucidar alguma dúvida dos defensores do que para contribuir mesmo para o relatório, para o processo. Eu acho que seria bom é se no termo de audiência constasse o que aconteceu naquela audiência, seria ótimo, a gente não sabe qual conflito, ali a gente só sabe porque o pai tá pedindo visita, visitação na regulamentação de visita, a gente não sabe mais antes de chegar até a gente se aconteceu conciliação, já aconteceu audiência, então nem na conciliação nem na audiência costuma vir descrito o que aconteceu, "a parte tal não concordou com isso, com isso a outra entendeu". Então mesmo que não detalhasse, mas se viesse pelo menos um pouco do que foi discutido ali acho que seria muito legal. Agora, a quesitação em si eu não acho que seria legal, porque iria direcionar, restringe muito nosso estudo, talvez, sendo que durante o estudo surgem tantas coisas que são muito maiores do que só responder aqueles quesitos (Psicólogo 1).*
>
> *Algumas vezes tem quesitos, na maioria dos casos, aqui, pelo menos na minha experiência, são sem quesitos. Quando os quesitos vêm, é um pouco de um desafio também, porque, eu acredito, vem dentro de uma construção que não é construção da psicologia, ou seja, é a construção do direito, dos advogados, às vezes algum profissional que possa dar um suporte, a gente percebe é que muitas vezes esses quesitos, eles não contribuem tanto para compreensão do caso e acabam contribuindo mais para o litígio e isso é um desafio porque de certa maneira o processo quando ele chega aqui, ele chega envolvido dentro desta ótica adversarial e litigiosa e o trabalho, muitas*

> *vezes, é construir com as partes isso, para que eles entendam que, numa disputa de guarda, se ela foi entendida como uma disputa quem vai perder é a criança, então o que pode ser construído para que se mude essa visão de disputa* (Psicólogo 2).

O quesito parece ser um recurso auxiliar para o processo. No entanto, os psicólogos entrevistados destacam que não colabora com a assistência em geral e com o conhecimento do caso, podendo limitar o estudo e direcionar o trabalho sem considerar aspectos importantes que cabe à psicologia reconhecer. Há uma indicação da solicitação de estudo vir acompanhada de descrição do comportamento das partes no processo e das etapas já realizadas. O psicólogo que realizará o estudo tem acesso ao processo na íntegra. No entanto, parece que este não tem as informações referidas.

6.2.6 O documento psicológico auxilia na tomada de decisão

Todos os juízes afirmam que os estudos psicológicos auxiliam na sua tomada de decisão, como também afirmam não receberem documentos insatisfatórios.

> *Com certeza, eu acredito muito na psicologia, olha, eu não me recordo de um processo em que o laudo psicológico ou estudo social que eles não tenham servido de fundamento para uma sentença minha, tendo um estudo psicológico é a coisa que eu faço normalmente eu entrego o estudo psicológico às partes, porque muitas vezes tem informações para outras questões, talvez a resposta esteja ali, e já me disseram isso. Sabe, deveria também existir uma norma que determinasse que houvesse a entrega do estudo psicológico para as partes, enfim, que esse estudo fosse encaminhado não apenas para o processo, mas para também as partes. Documentos insatisfatórios? Muito raro* (Juiz 1).

De acordo com os juízes 1 e 2, assim como para o Psicólogo 2, a entrega dos relatórios advindos dos estudos para as partes do processo é importante no sentido de explicitar orientações e sugestões aos envolvidos. Essa prática vai além do que é esperado em um processo, como também não é um procedimento relativo à produção de relatório, ainda assim, é uma intervenção interessante para a psicologia jurídica. No entanto, tal procedimento é previsto apenas quando há a realização de perícia.

> *Documentos insatisfatórios? Nunca, eu nunca tive nenhum laudo insatisfatório. Auxiliam sim, sempre tem uma informação que é*

diferente, sempre tem um "plus", sempre tem alguma coisa. Demostrando isso, demonstrando via de regra vêm os relatórios dizendo assim "olha, esse pai é bacana, esse pai dá amor à criança", "a criança fica confortável na presença do pai" ou não, ou então essa mãe está fazendo uma alienação, às vezes é nesse estilo (Juiz 2).

Documentos insatisfatórios? Talvez em 5% dos casos, conforme te disse eu sempre consigo extrair alguma coisa que seja positiva para o julgamento, positiva para a minha tomada de decisão, então eu não gosto quando contém assim "como melhor decidirá vossa excelência", claro que eu vou ter que decidir, por óbvio, então assim quando tem alguma obviedade no relatório é perda de tempo, agora sempre tem alguma coisa que é bacana, nesse sentido que eu te falei "Ah, não, a criancinha tá bem", "a criancinha tá muito triste", "a criancinha não fica confortável com tal genitor", isso me auxilia bastante, então via de regra me auxilia, de alguma forma me auxilia (Juiz 3).

Os psicólogos a seguir entendem que sua prática com os relatórios psicossociais auxilia na tomada de decisão. Dizendo assim:

Eu acho que pra decisão do juiz coopera, a gente percebe que o juiz leva em consideração o trabalho, se remetem aos relatórios muitas vezes, né, tem uma abertura até, caso a gente queira ir conversar pessoalmente sobre alguma questão que às vezes ultrapassa a psicologia e entra no campo do direito, né, então a gente tem que recorrer a eles, né, e pelo que eu vejo até hoje na minha experiência aqui eles sempre consideraram, sim, o que a gente vem falando para as decisões e muitas vezes até, isso é um pouco do meu trabalho, né, muitos casos eu tento que fazer um laudo mais existencial, ou seja, que tente sair dessa lógica adversarial, mas tente fazer com que as pessoas reflitam, então até o juiz entregar o laudo para as partes, para que as partes possam ter essa possibilidade, né, é claro que toda parte tem acesso ao laudo, mas o que a gente vê é que muitas vezes não pedem, principalmente os que são assistidos pela Defensoria Pública, que não têm muita ideia que podem pedir às vezes, então o laudo vai e a pessoa acha que não pode pegar e às vezes quando o juiz toma essa iniciativa é muito bom porque pode ajudar aquela pessoa a ter acesso a um aspecto que leva à reflexão, principalmente da experiência da criança dentro de uma situação de litigiosidade (Psicólogo 2).

Olha, eu acredito que cooperam, sim, tá, anteriormente trabalhei na vara de infância, lá eu conseguia ver, né, a contribuição do que tinha repercutido porque acompanhava, né, os casos, era um caso que eram mas já de acompanhamento, então você sempre tinha

> *contato com os mesmos casos, você via que que tava acontecendo, e aí eu percebi que contribuía. Na vara de família se o caso não voltar eu acabo às vezes não sabendo como foi o desfecho, então assim às vezes quando tem um pouco de tempo eu fico curiosa em alguns casos até me intrigaram mais de alguma forma eu sento e olho se teve audiência, o que que aconteceu, sabe, mas é, geralmente não fico sabendo, mas eu acredito nessa contribuição, sim, sabe, a influência que a gente possa trazer para o processo* (Psicólogo 1).

Na prática, há uma tentativa de realizar esse trabalho, mesmo que não sistematizado, como nos relata um psicólogo entrevistado.

> *Às vezes eu faço entrevista devolutiva, mas às vezes eu no meio ali do com primeiro contato às vezes eu já percebo alguma coisa, eu já faço uma orientação, uma devolutiva mesmo, a minha percepção, o que nesse sentido é o que vai constar no meu relatório, e eu acho importante eles terem contato, sim, acho mais que a gente deve ficar atenta para o que a gente expõe no relatório, porque muitas vezes quando a gente expõe a fala ou os relatos podem acentuar o conflito, às vezes quebrar vínculos de confiança, de segurança, principalmente o relato da criança* (Psicólogo 1).

6.2.7 Procedimentos

Este item, em específico, dirige-se aos psicólogos quanto aos procedimentos utilizados na produção e realização dos estudos psicológicos. Assim, dentro do que prevê um relatório psicológico, segundo o CFP no art. 11:

> [...] o relatório psicológico consiste em um documento que, por meio de uma exposição escrita, descritiva e circunstanciada, considera os condicionantes históricos e sociais da pessoa, grupo ou instituição atendida, podendo também ter caráter informativo. Visa a comunicar a atuação profissional da(o) psicóloga(o) em diferentes processos de trabalho já desenvolvidos ou em desenvolvimento, podendo gerar orientações, recomendações, encaminhamentos e intervenções pertinentes à situação descrita no documento, não tendo como finalidade produzir diagnóstico psicológico (CPF, 2019).

Assim, podem ser elaborados relatórios psicológicos decorrentes de visitas domiciliares, para fins de encaminhamento, sobre um único atendimento para prestar informações de referência e de contrarreferência, para subsidiar atividades de outros profissionais, entre outras situações que já ocorrem no exercício profissional, desde que constitua instrumento de comunicação escrita resultante da prestação de serviço psicológico a pessoa, grupo ou instituição.

Os psicólogos foram inquiridos sobre o uso de testes psicológicos e afirmaram não fazerem uso.

> *Teste assim, psicometria... Te falar que o judiciário não fornece. Eu também ao longo do tempo não usei, não existem assim testes validados próprios para essa nossa área. Então às vezes a gente pega alguns como um instrumento para nortear, mas, assim, a gente além de tentar nortear, eu uso bem mais as entrevistas, a observação, visitas domiciliares para observar também o contexto, e basicamente isso assim, né, acaba que ao longo do tempo a gente começa, ainda mais só vara de família, a gente começa a ter realmente uma perícia para falar e para ouvir, para, né, ter uma escuta bem apurada, usa com criança o lúdico, desenho, técnicas projetivas, mas agora psicometria não (Psicólogo 1).*
>
> *As entrevistas, né, eu trabalho com as entrevistas semiestruturadas, que eu acho que são melhores. Hoje você não tem nenhum, que eu saiba a gente não tem instrumento do Conselho, assim, é avaliado pelo Conselho, mas a gente tem o SARP da Vivian Largo e da Daniele e Bandeira, do Rio Grande do Sul que construíram, eu não uso a SARP, mas ele tem uma série de categorias e dimensões que eu acho superinteressante, então ao longo dos anos eu fui trabalhando com algum material para ter uma entrevista mais semiestruturada, mas não utilizo o teste em si. A construção dele, de fato, foi feita para ser usado por psicólogos, assistentes sociais, mas não é um instrumento privativo do psicólogo. Então a gente não usa ele, mas eu gosto de usar o que ele tem ali de categoria, aí tem outros materiais, agora a nova recomendação para atuação nas varas de família do CFP e tem fora daqui, na Espanha, nos EUA, na associação americana de psicologia, tem um guia também do que é interessante se avaliar em processos de disputa de guarda, então montando isso você tem categorias, das categorias você pode pensar em questões e perguntas a serem construídas. E é claro com a flexibilidade de que alguns processos de disputa de guarda são muito particulares (Psicólogo 2).*

A realização de uma avaliação exige tempo, repetidos encontros até que a questão a ser investigada seja completamente esclarecida. Como não temos testes psicológicos específicos para o judiciário, somente instrumentos de uso não restrito, há necessidade de elaboração de uma bateria de testes e outras técnicas para dar uma sustentação ao documento produzido, que necessita de encontros para corroborar os dados encontrados nos instrumentos e a história dos envolvidos. É necessário tempo para a produção escrita do documento com todas as questões pertinentes ao processo descrito, assim, realizar uma avaliação demanda flexibilidade no prazo e conhecimento de instrumentos e testes psicológicos.

> *Hoje, a resolução que a gente tem, em termos de tribunal de justiça, são 30 dias corridos para fazer o estudo e entregar o relatório, de fato na minha avaliação não é um tempo suficiente, é muito pequeno pela demanda de trabalho e pela complexidade do caso, então a gente hoje consegue ter possibilidade de pedir uma dilação de prazo e tudo mais, os juízes têm uma compreensão muito boa de trabalho, então conseguem ser flexíveis também com relação a isso, entendem da complexidade da realidade dos casos e entendem que às vezes é necessário mais abordagens, mais entrevistas, e com isso permitem essa dilação (Psicólogo 2).*

> *Agora são 30 dias e não é nada razoável, porque é muito corrido, só o tempo da gente fazer contato com as partes, agendar entrevista, às vezes elas faltam, às vezes a gente não consegue contato por telefone, aí é intimação, mas só intimação já comeu esse prazo, aí você quer ouvir outros familiares, fazer uma visita, ir na escola, outros profissionais, aí você senta pra fazer o relatório e não gera aquele relatório de uma vez, é bem corrido (Psicólogo 1).*

Conforme os psicólogos 1 e 2 trazem em suas falas sobre o tempo ser curto para a realização do estudo e dito anteriormente, realizar uma avaliação leva tempo, então, é de suma importância que os atores do processo entendam que realizar um estudo exige procedimentos específicos. Seria relevante e produtivo para o melhor funcionamento do processo que os juízes e psicólogos pudessem ampliar seus diálogos, como dito anteriormente por eles mesmos.

8

CONSIDERAÇÕES FINAIS

O estudo da avaliação psicológica no judiciário foi um desafio para mim durante a pós-graduação *lato sensu* em avaliação psicológica na Universidade Católica de Petrópolis, período no qual me aproximei das práticas reconhecendo a complexidade dessa atuação. O interesse na temática direcionou para a formação em perícia judicial, momento importante para identificar a necessidade deste estudo. O curso de perito pouco prepara para realização de avaliações psicológicas, mesmo sendo essa a sua principal atribuição. Esse percurso direcionou a pesquisadora para a investigação do tema em dissertação de mestrado.

A formação em psicologia é, por princípio, generalista, fundada na concepção de um ser humano biopsicossocial, abarcando desde estudos de questões sociais, culturais e educacionais, que promovem o conhecimento da realidade social brasileira, passando por disciplinas biomédicas, que desenvolvem conhecimentos acerca de anatomia, fisiologia, neurociências, saúde pública e, mais profundamente, o estudo do desenvolvimento humano, da personalidade, dos processos mentais e das interações sociais. O ensino técnico do uso de testes psicológicos, assim como o preparo para realização de avaliação psicológica enquanto processo que dialoga com os referidos fatores biopsicossociais, não tem espaço na graduação, nem para o estudo teórico, nem para o treinamento em práticas supervisionadas. Não se trata de defender um destaque para a avaliação psicológica na graduação, mas, sim, de indicar a importância de especialização na área para a sua execução.

A avaliação psicológica foi reconhecida como especialidade somente em dezembro de 2018, ou seja, ainda é bastante recente. Embora a prática da avaliação psicológica esteja atrelada à psicologia jurídica desde o início da atuação de psicólogos na área, a formação do psicólogo jurídico também não privilegia técnicas, instrumentos e testes psicológicos, o que fica evidente nos resultados da pesquisa documental. Embora os relatórios produzidos por psicólogos no período sejam fundamentados tecnicamente e reconhecidos como importantes para a tomada de decisão judicial, estes não contam com ferramentas a que um especialista em avaliação psicológica pode recorrer e que seriam um diferencial para os resultados. Somente a entrevista psicológica aparece como procedimento, nenhuma outra técnica ou teste psicológico foi utilizado. De fato, a entrevista é a principal técnica para avaliação psicológica e as informações oriundas da observação do comportamento são importantes, mas não suficientes para a compreensão da complexidade humana e de suas relações familiares. Da maneira que os estudos são desenvolvidos, o saber psicológico pouco se diferencia das contribuições da assistência social.

A prática da avaliação psicológica e a produção de documentos psicológicos são orientadas por resoluções do Conselho Federal de Psicologia que conceituam, especificam os procedimentos técnicos e éticos e determinam o que o psicólogo está impedido de realizar no exercício da função. Nesses documentos não há menção ao estudo psicossocial, termo que aparece como solicitação judicial acolhida pelos psicólogos nos documentos analisados e nas entrevistas.

O termo estudo psicossocial é compreendido pelos participantes como algo amplo, sem direcionamento e diferente da prática da perícia. Como não são feitas perícias, tanto os juízes quanto os psicólogos não entendem a necessidade de se fazerem quesitos no processo, então os juízes utilizam o que vier descrito no relatório e os psicólogos produzem o que lhes salta aos olhos nas observações e entrevistas, o que todos reconhecem como útil, mas passível de melhora. É interessante perceber a reflexão dos juízes ao responderem à pergunta sobre quesitação, colocando em análise o motivo para não o fazer e reconhecendo que os quesitos podem contribuir para que o psicólogo identifique as dúvidas do juízo e responda de maneira a saná-las. Todos reconhecem a necessidade da aproximação e do diálogo superando as solicitações processuais.

O estudo que ora se apresenta tem um recorte bastante específico no município de Petrópolis e deve ser estendido para varas de famílias de outras regiões a fim de verificar se os resultados obtidos são característicos da região ou se são indicativos de uma valorização do trabalho da psicologia no judiciário, se em outros locais o estudo psicossocial também é a principal intervenção e como este é realizado. Tradicionalmente, as práticas impulsionam a produção das referidas resoluções e o mesmo deve acontecer com o estudo psicossocial. É importante o desenvolvimento de estudos a fim de estabelecer critérios para sua execução e orientação aos profissionais.

Embora o número de participantes da pesquisa seja pequeno, considerando as varas de família em Petrópolis como o campo de estudo, a amostra foi suficiente, todos os juízes e psicólogos atuantes foram entrevistados. Todos os participantes foram solícitos e cooperativos, demonstraram entendimento da relevância do estudo e interesse em sua realização. A pesquisa rendeu, ainda, convites para participação em audiências incluindo estagiários de graduação e incentivo para o desenvolvimento de outros projetos de pesquisa e de extensão. Cabe destacar o acesso facilitado aos documentos analisados como primordial para que a pesquisa fosse realizada. O projeto inicial desta pesquisa incluía os promotores, tanto do fórum do Retiro quanto do fórum de Itaipava. A pesquisadora tentou agendar as entrevistas, um destes concordou e desmarcou posteriormente, o outro sequer agendou.

A presente pesquisa suscitou novos questionamentos e expectativas com desdobramentos futuros. Entendemos que a continuidade do estudo em outras varas pode subsidiar a elaboração de um protocolo que oriente a produção de documentos oriundos de avaliações psicológicas para os casos de disputa de guarda com o objetivo de garantir qualidade técnica e relevância para a tomada de decisão judicial e para a definição do que é um estudo psicossocial, entendendo assim qual seria o melhor modelo aplicável à prática desenvolvida no judiciário.

O interesse dos juízes nas possíveis contribuições da psicologia nas varas de família indicando a participação destes em audiências e o diferencial da atuação de psicólogos em mediação de conflitos familiares apontam para a possibilidade de construção de um projeto de pesquisa de intervenção no judiciário. Ampliar o conhecimento acerca da ciência psicológica, das técnicas e possibilidades de atuação e, principalmente, ter contato com resultados positivos dessa atuação pode contribuir ainda mais para a valorização da avaliação psicológica na tomada de decisão judicial.

Confiante na capacidade dessas avaliações para compreender o funcionamento familiar, ao invés de limitar-se a indicar um modelo de guarda ou quem deve ou não ser responsável pelos filhos, orientar as famílias em processo de reconstituição de vínculos privilegiando o interesse dos menores envolvidos sem negligenciar o sistema familiar, e a possibilidade de intervir neste a fim de dirimir conflitos, distribuir responsabilidades e promover uma melhor convivência, deve ser uma atribuição da psicologia reconhecida pelos operadores do direito e, especialmente, defendida pelos psicólogos.

REFERÊNCIAS

ALMEIDA, L. S.; PRIETO, G.; MUÑIZ, J.; BARTRAM, D. O uso dos testes em Portugal, Espanha e Países Iberoamericanos, *Psychologica*, n. 20, p. 41-55, 1998.

AZEVEDO, M. M.; ALMEIDA, L. S.; PASQUALI, L.; VEIGA, H. M. S. Utilização dos testes psicológicos no Brasil: dados de estudo preliminar em Brasília. *In*: ALMEIDA, L. S.; ARAÚJO, S.; GONÇALVES, M. M.; MACHADO, C.; SIMÕES, M. R. (org.). *Avaliação psicológica*: formas e contextos, v. IV (213-219). Braga, Portugal, 1996. Disponível em: http://pepsic.bvsalud.org/scielo.php?script=sci_arttext&pid=S1415-711X2008000200008

BARDIN, L. *Análise de conteúdo*. Tradução de Luis Antero Reto e Augusto Pinheiro. São Paulo: Edições 70, 2016.

BASTOS, E. F.; LUZ, A. F. (coord.). *Família e Jurisdição II*. Belo Horizonte: Ed. Del Rey, 2008.

BRASIL. *Tribunal de Justiça do Distrito Federal e Territórios* (Provimento n.º 27/92). Brasília, DF: TJ. 1992.

BRASIL. *Lei n.º 12.318, de 26 de agosto de 2010*. Disponível em: http://www.planalto.gov.br/ccivil_03/_ato2007-2010/2010/lei/l12318.htm. Acesso em: 10 nov. 2019.

BRUNO, M. L. Utilização de testes em orientação vocacional. *Boletim de Psicologia*, v. 45, n. 102, p. 81-84, 1995.

CALÇADA, A. *Alienação parental e família contemporânea*: um estudo psicossocial. Maria Quitéria Lustosa de Sousa. Recife: FBV/Devry, 2015.

CAMARGO, B.; TAVARES, S.; BARBOSA, T. A Contribuição da Perícia Psicossocial para a Decisão Judicial em 2ª Instância, *Revista Esmat*, v. 5, n. 6, p. 123-162, 2013.

CESCA, T. B. O papel do psicólogo jurídico na violência intrafamiliar: possíveis articulações. *Psicologia & Sociedade*, v. 16, n. 3, p. 41-46, 2004.

CHAVES, V. P.; NABINGER, S. B. A dissolução do vínculo conjugal. *In*: SOUZA, I. M. C. C. *Casamento*: uma escuta além do judiciário. Florianópolis: VoxLegem, 2006. p. 281-290.

CONSELHO FEDERAL DE PSICOLOGIA — CFP. Resolução 06/2019. Institui o Manual de Elaboração de Documentos Escritos produzidos pelo psicólogo, decorrentes de avaliação psicológica. Brasília, DF: CFP, 2003.

CONSELHO FEDERAL DE PSICOLOGIA — CFP. *Referências técnicas para atuação do psicólogo em Varas de Família*. Brasília, DF: CFP. 2010b

CONSELHO FEDERAL DE PSICOLOGIA — CFP. *Resolução CFP 8/2010*. Orienta a atividade do psicólogo perito ou assistente técnico como perito e assistente técnico no Poder Judiciário. Brasília, DF: CFP. 2010a

CONSELHO REGIONAL DE PSICOLOGIA DO PARANÁ — CRPPR8. *O(A) psicólogo(a) e os processos éticos no CRPPR*: caracterização das denúncias e perfil dos(as) profissionais com processos éticos instaurados pelo CRPPR. Relatório de Pesquisa. 2013. Disponível em: http://www.portal.crppr.org.br/download/280.pdf. Acesso em: 15 nov. 2019.

COSTA, J. K. N.; LIMA, L. D.; SOUZA, V. R.; BARBOSA, Z. C. L; MOURA, G. C. Avaliação Psicológica no Contexto das Instituições de Justiça. *Portal de Periódicos — Ciências Humanas e Sociais*, Maceió, v. 3, n. 1, p. 149-166, 2015.

COSTA, L. F.; PENSO, A. M.; LEGNANI, V. N.; SUDBRACK, M. F. O. As competências da psicologia jurídica na avaliação psicossocial de famílias e conflito, *Psicologia & Sociedade*, v. 21, n. 2, p. 46, 2009.

CUNHA, J. A. Estratégias de avaliação: perspectivas em psicologia clínica. *In*: CUNHA, J. A. *et al. Psicodiagnóstico V*. Porto Alegre: Artmed, 2007a, p. 19-22.

CUNHA, J. A. Fundamentos do psicodiagnóstico. *In*: CUNHA, J. A. *et al. Psicodiagnóstico V*. Porto Alegre: Artmed, 2007b. p. 23-31.

FELIPE, S. S. R. *A contribuição do Teste de Apercepção Infantil (CAT-A) e procedimento de desenhos da família com estórias (DF-E) na avaliação de crianças envolvidas em disputas judiciais*. Dissertação (Mestrado). Instituto de Psicologia, Universidade de São Paulo, São Paulo, 1997.

FÉRES-CARNEIRO, T. Separação: o doloroso processo de dissolução da conjugalidade. *Estudos Psicológicos*, Natal, v. 8, n. 3, p. 367-374, 2003.

FONSECA, P. M. P. Síndrome de alienação parental. *Pediatria*, São Paulo, v. 28, n. 3, set./dez. 2006.

GARDNER, R. A. *O DSM-IV tem equivalente para o diagnóstico de Síndrome de Alienação Parental (SAP)?* Tradução de Rita Rafaeli. Brasília, 2002. Disponível em: www.alienacaoparental.com.br.

GARRIDO, M. V.; AZEVEDO, C.; PALMA, T. Cognição social: fundamentos, formulações atuais e perspectivas futuras. *Psicologia*, v. 25, n. 1, p. 113-157, 2011.

HUTZ, C. S.; BANDEIRA, D. R. Avaliação psicológica no Brasil: situação atual e desafios para o futuro. *In*: YAMAMOTO, O. H.; GOUVEIA, V. V. *Construindo a Psicologia brasileira*: desafios da ciência e prática psicológica. São Paulo: Casa do Psicólogo, 2003, p. 261-277.

INSTITUTO BRASILEIRO DE GEOGRAFIA E ESTATÍSTICA — IBGE. *Estatísticas do Registro Civil*. 2005. Disponível em: http://www.ibge.gov.br. Acesso em: 15 jun. 2019.

LAGO, V. M. *As práticas em avaliação psicológica nos casos de disputa de guarda de filhos no brasil*. Dissertação (Mestrado). Universidade Federal do Rio Grande do Sul, UFRGS, Rio Grande do Sul, 2008.

MIRANDA JUNIOR, H. C. Psicologia e justiça: a psicologia e as práticas judiciárias na construção do ideal de justiça. *Psicologia: Ciência e Profissão*, v. 18, n. 1, p. 28-37, 1998.

MOTTA, M. A. P. Compartilhando a Guarda no Consenso e no Litígio. *In:* PEREIRA, Rodrigo da Cunha (coord.). Família e Dignidade Humana. V Congresso Brasileiro de Direito de Família (2005, Belo Horizonte). *Anais* [...] São Paulo: IOB Thomson, 2006, p. 591-601.

OLIVEIRA, A. L. N. de. A alienação parental e suas implicações no contexto familiar. *In*: OLIVEIRA NETO, Á.; QUEIROZ, M. E. M. de; CALÇADA, A. (org.). *Alienação parental e família contemporânea*: um estudo psicossocial. Coordenação de Maria Quitéria Lustosa de Sousa. Recife: FBV/Devry, 2015. 121 p.: il. v. 2. p. 11.

OLIVEIRA, S. E. S.; PEREIRA, P. H. S; OLIVEIRA, M. C. R.; TEIXEIRA, A. F.; NATALE, L. L.; AQUINO, M. G. Desenvolvimento sociocognitivo da teoria da mente: estudos interventivos com crianças de 3 e 4 anos. *Revista Brasileira de Terapias Cognitivas*, v. 8, n. 1, p. 19-30, 2012.

PINTO, M. de B. *A síndrome da alienação parental e o poder judiciário*. Rio de Janeiro, 2012. Disponível em: https://www.emerj.tjrj.jus.br/paginas/trabalhos_conclusao/2semestre2012/trabalhos_22012/MychelliBarrosPinto.pdf.

PRIMI, R. Avaliação psicológica no Brasil: fundamentos, situação atual e direções para o futuro. *Psicologia: Teoria e Pesquisa*, v. 26, (spe), p. 25-35, 2010.

RAMIRES, V. R. R. As transições familiares: a perspectiva de crianças e pré-adolescentes. *Psicologia em Estudo*, v. 9, n. 2, p. 183-193, 2004.

RAMIRES, V. R. R. Elaboração de laudos e outros documentos. *In*: RAMIRES, V. R.; CAMINHA, R. *Práticas em saúde no âmbito da clínica-escola*: a teoria. São Paulo: Casa do Psicólogo, 2006, p. 271-287.

RODRIGUES, M. C.; COUTO, E. M.; HUNGRIA, M. C. L. A influência dos laudos psicológicos nas decisões judiciais das varas de família e sucessões do fórum central da capital de São Paulo. *In*: SHINE, S. (org.). *Avaliação psicológica e lei*: adoção, vitimização, separação conjugal, dano psíquico e outros temas. São Paulo: Casa do Psicólogo, 2005.

ROVINSKI, S. L. *Fundamentos da perícia psicológica forense*. São Paulo: Vetor 48, 2004.

ROVINSKI, S. L. Perícia psicológica na área forense. *In*: CUNHA, J. A. *Psicodiagnóstico V*. Porto Alegre: Artmed, 2000, p. 183-195.

SÁ SILVA, R.; ALMEIDA, C. D.; GUINDANI, J. F. Pesquisa Documental: pistas teóricas e metodológicas. *Revista Brasileira de História & Ciências Sociais*, v. 1, n. 1, 2009. Disponível em: www.rbhcs.com. Acesso em: 20 maio 2019. ISSN: 2175-342.

SELOSSE, J. Les interventions des psychologues en Justice. *Psychologie Française*, v. 34, n. 4, p. 293-300, 1989.

SHINE, S. Aplicações das técnicas de exame psicológico na área da justiça. *Boletim de Psicologia*, n. 15, p. 63-65, 1995.

SILVA, D. M. P. *Psicologia Jurídica no Processo Civil Brasileiro*. São Paulo: Casa do Psicólogo, 2006.

SILVA, M. T. A. O uso dos testes psicológicos no trabalho de perícia das varas da família e das sucessões do fórum João Mendes Jr. *Boletim da Sociedade de Rorschach de São Paulo*, v. 10, n. 4, 2000.

SILVEIRA, D. T.; CÓRDOVA, F. P. A pesquisa científica. *In*: GERHARDT, T. E.; SILVEIRA, D. T. *Métodos de Pesquisa*. Porto Alegre: UFRGS, 2009, p. 31-41.

STRENGER, G. G. *Guarda de Filhos*. 2. ed. revista e atualizada. São Paulo: DPJ Editora, 2006.

TRENTINI, C. M.; BANDEIRA, D. R.; ROVINSKI, S. L. R. Algumas considerações acerca do psicodiagnóstico nos contextos jurídico/forense e clínico. *In*: NORONHA, A. P. P.; SANTOS, A. A. A.; SISTO, F. F. (ed.). *Facetas do fazer em avaliação psicológica*. São Paulo: Vetor, 2006, p. 225-235.

TRINDADE, J. *Manual de Psicologia Jurídica para Operadores do Direito*. Porto Alegre: Livraria do Advogado Editora, 2007.

VAZ, C. R. A.; SHINE, S. Os desafios na elaboração de laudos psicológicos nas varas de família: análise da produção científica brasileira no período de 2010 a 2016. *In*: SHINE, S.; LOURENÇO, A.; ORTIZ, M. (org.). *Produção de Documentos em Psicologia*: prática e reflexões teórico-críticas. São Paulo: Vetor Editora, 2017.